INHALT

1 Kreta 5
    Die Übungen 15
2 Bali 17
3 Epharisto 23
4 Stille 29
5 Die Sonne ist immer da! 37
6 Alles hat seine Zeit 47
7 Entschleunigung 53
8 Der Leuchtturm 59
9 Konstantin 67
10 Einsamkeit 73
11 Erstes Treffen 83
12 Gemütlichkeit und Vertrautheit 97
13 Verwirrung 111
14 Lebensänderung 121
15 Verwunderung 129
16 Agapi 137
17 Schlüssel zum Glück 145

1 KRETA

Es riecht so herrlich nach Griechenland und es freut mich, dass ich den Schritt gewagt habe und wieder in mein Land der Energie gefahren bin. Ich kann Sand, Sonne, Meer und die Stille genießen. Es ist ein herrlich schöner Tag. Der Himmel ist blau und nicht die kleinste Wolke ist zu sehen. Ein angenehmer, warmer Wind weht vom türkisblauen Meer ans Ufer und streicht sanft und zärtlich über meine Haut. Er fährt mir durchs Haar und lässt es fliegen. Der warme, besondere Duft nach wilden Kräutern in der prallen Sonne und dem salzigen Geschmack des Windes lässt mich das Glück des Sommers kosten.

Eine riesige Welle nach der anderen treibt der Wind an die zerklüftete Küste. Mit lautem Beben schlagen sie an die rauen Felsen und zerschellen. Hoch spritzt die weiße Gischt, um sich dann wieder im Meer zu ergießen. Azurblau und unendlich weit zeigt sich das Meer und führt sein Wasser gegen das Ufer. Auf den großen Wellen erheben sich hie und da kleine weiße Schaumkronen, um zu zeigen, wie lebendig und tänzerisch leicht sich das Wasser bewegt. Und auch wie unaufhaltsam bedrohlich die zerstörerische Kraft der Gewalten der Meere sein kann. Über viele Jahrtausende stehen die Felsen im Wasser, haben so viel gesehen und haben sich doch nur der Erosion von Wasser und Wind gebeugt. Weder Tag und Nacht, Wind und Wetter, Sonne und Schatten, Kälte und Hitze, noch das Kommen und Gehen der Menschen konnte ihnen etwas anhaben. Sie sind ein Geschenk der griechischen Götter und dürfen sein, wo sie immer waren. Wir dürfen sie betrachten, anschauen, erfassen und den Anblick in unser Herz aufnehmen, als Eindruck für die Schönheit und Herrlichkeit der Erde, und als Empfindung, wie unumstößlich der Lauf der Welt und die Kraft der Naturgesetze sind.

Nach einem heißen Sonnenbad unter Palmen bei flimmernder Hitze im feinen weichen Sand, wo ich spüre, wie sich der Körper nach einem langen Winter nach genau dieser Wärme und Lichteinstrahlung sehnte, kommt nun doch der Zeitpunkt, sich im erfrischenden Meer zu aalen. Das Meer ist kühl und sehr aufgewühlt vom Wind. Nach einem kurzen Temperaturcheck mit den Füßen stürze ich mich kopfüber in die herannahenden Wellen. Die gewaltigen Wogen bäumen sich auf, überschlagen sich, brechen schäumend hernieder und zeigen ihre tosende Stärke, wenn sie gegen das Ufer schlagen. Andere wiederum erheben sich zu mächtigen Bergen und überschlagen sich in ihrer Gewalt, um gegen den Strand zu rollen. Einmal von ihnen erfasst, wird alles mitgenommen. Unabhängig davon, was auf ihnen oder unter ihnen passiert, rollen sie zielgerichtet weiter, bis sie sich auf dem sandigen Boden des Strandes ergießen. Ergreift mich eine Welle im genau richtigen Augenblick, gleite ich auf ihr und mit ihr dem weißen Strand entgegen und kann empfinden, wie unausweichlich stark und doch erlösend der Moment des Ufers ist. Anschließend erfahre ich je-doch den Rückzug, den Sog zurück ins offene Meer, die Kraft des Gehaltenwerdens, nicht nach dem Erblicken des Zieles ausruhen zu dürfen und zu entspannen. Nein, ganz im Gegenteil – wie mit der Zauberkraft POSEIDONS, des Gottes der Meere, zieht das Wasser wieder alles mit sich, was es einmal ergriffen hat, um es in den Ge-walten der Natur zu belassen und nicht dem Ruhezustand preiszugeben. Ein ewiges Aufbäumen und Loslassen erfahre ich – genauso wie im Leben.

Ein Spiel des Wassers und ich mittendrin. In diesem Moment liegt ein Zauber. Es ist inspirierend sich als gute Schwimmerin ganz diesem kraftvollen Schauspiel hinzu-geben und mit dem Wasser zu spielen wie ein Fisch. Ich kann gut unterscheiden, wann es Sinn macht, eigene Kraft aufzuwenden, und wann es besser ist, sich von den Wellen mitnehmen zu lassen, sich der Wasserkraft zu fügen und sich dem Genuss des Meeres hinzugeben wie in einem Schaukelstuhl. Diese Technik nutzen auch Schildkröten, wenn sie vom Land, wo sie sich ausruhen müssen, wieder ins offene Meer hinauswollen. Sie halten ihren Standort bei hereinbrechenden Wellen und nützen die Sogwirkung des Meeres, um sich vom Ufer hinausziehen zu lassen. Vor besonders mächtigen Wellen auch mal den Kopf einzuziehen und unterzutauchen, den Atem anzuhalten und am ganzen Leib die rollende Bewegung und die Kraft der Welle zu spüren, zu erleben und zu genießen. Das ist wie in einer anderen Realität, wie im Traum, und doch bin ich hellwach.

Erfrischt und voller Freude steige ich heraus aus dem nie enden wollenden Schau-spiel des Wassers, dem Leben gleich. Was für ein Erlebnis!

Sophia hört hinter sich noch das Geräusch der brechenden Wellen und geht körperlich erschöpft, aber vom Meer erfrischt zu ihrem Badetuch und lässt sich darauf fallen. Die Sonne scheint und trocknet ihren schönen, jungen Körper rasch. Sie lässt es zu, dass ihre Gedanken nochmals zu dem Auf und Ab der Wellen gehen, die sie noch in ihrem Körper spüren kann. Sie denkt darüber nach, wie dieses Hoch und Tief in ihrem Leben spürbar war. Sie erkennt, dass die Wellen des Lebens genauso regelmäßig auf uns zukommen wie die des Meeres. Einmal schwimmen wir hoch oben auf einer Welle und lassen uns treiben und genießen das Leben, weil wir glücklich sind und alles ganz leicht und wie von Zauberhand geführt seinen Lauf nimmt. Nichts stört unser Glück und jeder Tag ist eine Freude mit all den lieben Menschen in unserem nahen Umfeld. Ein anderes Mal im Leben müssen wir die Luft anhalten und werden überrascht und überschwemmt und verlieren vielleicht sogar kurz die Orientierung, weil eine riesige Welle uns dazu nötigt. Wir werden gebeutelt und unter Wasser gedrückt, ohne dass wir das wollten. Vielleicht haben wir auch nicht auf die Wellen in unserem Leben geachtet, waren nicht darauf vorbereitet, einmal die Luft anzuhalten.

Ergreift uns eine Welle jedoch zum richtigen Zeitpunkt, so können wir auf ihr ein schönes weites Stück in unserem Leben mühelos dahingleiten wie ein Surfer, und es kostet uns fast keine Kraft, solange wir die Balance halten. Doch dann wiederum zieht uns genau diese Welle wieder ein Stück von unserem Ziel fort, obwohl wir schon so nahe waren. Der Sog einer Welle führt uns erneut weg und wir brauchen wieder einen Anlauf und eine neue Anstrengung, um unsere Bestimmung zu erreichen. Es ist aber gut zu wissen, dass der Sog immer so stark ist wie die nächste Welle. Das heißt, wenn wir Glück haben und der Sog sehr mächtig ist und uns erneut weiter weg bringt von unserem Ziel, können wir die Kraft der nächsten Welle bewusster und besser nützen und noch weiter nach vorne gleiten als zuvor.

Dieses ewige Aufbäumen und Loslassen begleitet alle Menschen ein Leben lang, denkt Sophia, als sie so daliegt auf ihrem bunten Badetuch in der heißen Sonne Griechenlands. Wie viele Dinge und Menschen und Glaubenssätze hat Sophia schon loslassen müssen in ihrem Leben, die nicht mehr zu ihr gepasst haben, um weiter auf ihrem Lebensweg gehen zu können? Wie oft hat sie sich gewehrt und dagegengestellt, um ihre Meinung zu vertreten und etwas in der Welt zu bewirken? Sie hat viel ihrer Kraft dafür eingesetzt.

Nur manchmal, gegen Abend oder an Tagen ohne Wind und bei spiegelglattem Meer, ist es allen vergönnt auszuruhen, sich zu sammeln und sich auf die wahren Werte des Lebens zu besinnen. Neue Kraft zu tanken, um in den Wogen des Meeres beim nächsten aufkommenden Wind gerüstet zu sein, sei es auf einem Wellenberg oder in einem Wellental.

Wenn sich zwei Wellen überlagern, werden sie noch größer und stärker, so wie bei den Menschen, die gemeinsam für ein Ziel brennen. Mit anderen Wellen gemeinsam einen Gipfel zu ersteigen ist ein großartiges Gefühl. Jedoch sollte niemand jemals seine eigene Welle verlassen für das gemeinsame Ziel, denn die Individualität macht den Erfolg aus. Wenn eine Welle von der anderen geschluckt wird, schwächt das beide. Die eigene Kraft kann durch die Kraft des anderen ausgelöscht werden, und zwar wechselseitig. Die beiden Wellen existieren nur mehr im flachen Wasser. Sich jedoch dem Rollen der Wellen hingeben und mitzufließen mit dem Auf und Ab, dem Aufbäumen und Loslassen, dem Genießen und Anstrengen bringt Kraft und Energie und macht auch noch die Spannung und Würze im Leben aus.

Wie hat sie es geschafft, nun hier am Strand in der Sonne zu liegen? So lange träumte sie schon von einem Urlaub auf Kreta, „dem Land der Götter". Vor Jahren war sie schon einmal hier gewesen und diese Wochen waren einfach viel zu kurz gewesen, um eine große Insel wie Kreta zu erkunden. Außerdem verbrachte sie ihre Zeit nicht alleine hier. Sie war damals noch eine sehr junge Frau, noch nicht verheiratet und kinderlos. Jung und verliebt entdeckte sie nur einen Teil der Insel. Andere Dinge standen in Vordergrund wie Sport und Gemeinsamkeit und Zusammensein mit ihrem Partner und lieben Freunden.

Es hat alles seine Zeit und seine Qualität, es war eine wunderbare Zeit gewesen und sie erinnert sich gerne daran. Viele Jahre war sie glücklich gewesen und stets in Balance mit ihrem Ehemann. Die Aktivitäten im Außen und die Liebe zueinander ließen sie aufblühen und wachsen. Als sie die Kinder bekamen, veränderte sich zwar ihre Lebenssituation, aber sie waren noch immer glücklich.

Nun ist es anders. Nach einer schwierigen Zeit mit vielen Herausforderungen kam es vor zwei Jahren zu einer Scheidung. Sie hatte unter dem Jähzorn und den Alkoholproblemen ihres Mannes sehr gelitten. Vieles war unerträglich geworden und schon lange nicht mehr so, wie es früher einmal war. Die verliebte Phase war bald vorüber und sie erkannte rasch, welchen Belastungen sie ausgesetzt war. Sie hatte sich ihre Ehe bestimmt anders vorgestellt. Immer wieder kam es zu unvorhersehbaren Streitigkeiten, die in

Zornausbrüchen endeten und Sophia völlig unvorbereitet tief im Herzen trafen. Der Alkohol machte die Situationen meist noch unerträglicher. Oft wusste sie nicht weiter. Die starke Welle der Ohnmacht drückte sie tief unter Wasser. In solchen Phasen war sie oft orientierungslos und wusste nicht weiter. Dann kostete es sie eine große Überwindung weiterzumachen. Sophia richtete sich aber stets wieder auf, damit sie für ihre Kinder da sein konnte, um ihnen Halt und Stütze zu bieten.

Nun sind ihre beiden Mädchen schon groß und selbständig und sie kann sie alleine lassen, denn auf sie ist Verlass. Sie ist mächtig stolz auf sie, da sie frei, selbständig und unabhängig sind. Die beiden bestärkten Sophia darin, einen Schritt zu wagen und einen Urlaub allein an ihrem geliebten Ort zu verbringen. Denn sie kennen ihre Mutter sehr gut und wissen, dass sie gerne Zeit alleine verbringt und so Energie auftanken kann. Das haben sie schon oft zu Hause bemerkt.

Es hat Sophia trotzdem ein Stück Überwindung gekostet diesen Urlaub alleine zu planen und durchzuführen, da es schon lange her war, dass sie überhaupt Urlaub machte. Nun aber ist sie hier und genießt jeden Augenblick. Als sie am Flughafen von Chania ankam, stand ihr Mietauto schon bereit. Es war ein Heimkommen, ein tiefes Gefühl wieder zu Hause zu sein in Griechenland. Sophia ist keine Griechin, sondern Österreicherin. In Sophia regt sich aber immer ein besonderes Gefühl, wenn sie in Griechenland die südliche Wärme spürt und riecht. Sie fühlt sich stets willkommen wie bei Freunden. Sie erlebt diese tiefe innere Freude vom ersten Moment an. Schon im Flugzeug erfreute sie sich an dem inneren Kribbeln und der Empfindung für das, was nun auf sie zukommen würde. Ihre Freude wurde nicht enttäuscht. Als sie in ihrem kleinen Mietauto saß, war sie mächtig stolz auf ihre Planung. Sie hatte einfach zu lange gelitten, nun war es an der Zeit ein neues Kapitel in ihrem Leben aufzuschlagen und voller Freude zu leben. Sie erkannte, dass es allein an ihr selbst lag, etwas an ihrem Lebensweg zu ändern. Und das ist genau jetzt! Die schwierigen Kapitel ihres Lebens lässt sie hinter sich, sie will endlich wieder lachen, tanzen und das Leben in all seiner Herrlichkeit genießen. Es genügt schon einen kleinen Schritt zu machen, um hinein in die Zukunft der Veränderung zu gehen.

Sophia verlässt den Strand und fährt mit ihrem kleinen Mietwagen zu ihrem Appartement. Sie hat ein Zimmer in einem schönen Haus mit Pool, das nahe zum Strand auf einem kleinen Berg steht. Ihre große Terrasse ist hell erleuchtet von den letzten Sonnenstrahlen des Tages. Voller Energie und Freude strahlt sie von innen heraus und mit der Sonne um die Wette. Sie empfindet Glück und Dankbarkeit darüber, dass alles nun erleben und schauen zu dürfen. Sie lächelt und fühlt sich satt und erfüllt von dem Schauspiel des Meeres und der Natur. Dankbar sieht sie hinunter zum Strand, auf das unendliche, herrlich blaue Meer. Sie lässt alle Gedanken frei schweben. Was auch immer kommen mag, darf kommen. Sie empfindet den Anreisetag nochmals nach – mit den vielen zauberhaften Momenten und Emotionen. Sie ist vollkommen entspannt und ihr Atem fließt ruhig. Sie saugt förmlich die Stille in sich ein und spürt, wie die neu gewonnene Energie mit dem Blut durch ihren Körper zirkuliert. Sie empfindet Freiheit in jeder Zelle. In diesem

Augenblick spürt sie, dass sie EINS ist mit der ganzen Welt und dem Universum. Sie dankt Gott für die Herrlichkeit der Erde und für die Schönheit. Sophia ist glücklich und dankbar, dass sie das alles sehen darf, und vertraut darauf, dass auch ihre nächsten Schritte behutsam gelenkt werden. Sie ist sehr froh, dass sie diesen Urlaub gebucht hat, um sich selbst diese Erholungsphase zu erlauben. Es war höchste Zeit aus dem Alltagstrott auszubrechen. Das Jahr war lang und stressbeladen, nun gilt es einen Gang zurückzuschalten im Antrieb und in der Leistung, Energieplätze aufzusuchen und zu relaxen.

Sophia ist eine starke Frau und weiß sehr genau, auf welche Signale ihres Körpers sie achten muss, um gut durch das Leben zu gehen. Sie spürt, wann sie kraftlos und erschöpft wird. Sie kann gut erkennen, wann sie zu viele Gedanken im Kopf hat und fahrig und unkonzentriert wird. Sie nimmt wahr, wenn sie nervös wird und ungeduldig. Sie nimmt die guten Situationen voll in sich auf, so wie sie gerade sind, denn sie kommen meist nicht wieder. Sophia weiß erst heute das JETZT zu genießen und voll auszukosten. Auch die schlechteren Situationen weiß sie zu leben. Sie nimmt negative Gefühle und Enttäuschungen an und lässt sie wieder los, so rasch es geht. Kein Festklammern oder Ärgern oder tagelanges Zermürbtsein. Alles kommt, wie es kommen soll, alles hat seinen höheren Sinn.

Manchmal erkannte Sophia diesen höheren Sinn der Wirklichkeit nicht gleich, da steckte sie ganz im Geschehen fest und wusste oft nicht weiter, wie viele andere Menschen auch. Sie war dann wie vernagelt in ihrem Denken und traf unüberlegte Entscheidungen aus ihren Emotionen und alten Glaubenssätze heraus, hielt voller Kraft daran fest, obwohl es leichter und gelassener gewesen wäre, einfach die schwierige Situation aus einer anderen Perspektive zu betrachten, anders zu handeln und loszulassen. Aber wenn sie sich zurücknimmt und an ihren besonderen Plätzen alleine sein kann, dann fallen ihr die Lösungen ein. Sie lässt los, was nicht zu ihr gehört, doch sie kämpft, wo es sich zu kämpfen lohnt, aber nicht um jeden Preis. Jede schlechte Situation hat auch immer etwas Gutes und manchmal auch etwas Ironisches an sich. Wenn Sophia nicht weiterweiß und in komplizierten Situationen festhängt, bedeutet das oft, dass etwas nicht mehr für sie bestimmt ist. Dann zieht sie sich an Orte zurück, die ihr Kraft geben und wo sie still sein kann. Diese Orte mit besonderer Kraft strahlen Energie förmlich aus. Hier kann sie ganz für sich sein – es braucht keinen anderen, denn es ist erfüllend und ganz einnehmend für sich allein zu sein, um die Kraft des Ganzen der Welt zu spüren. Diese Kraftplätze sind oft persönliche Orte des Wohlbefindens ohne jegliche Erdstrahlung. Da kann sie sich ganz hingeben, der Stille, der Seele, sich selbst. Still werden, hinhorchen in sich selbst, die Gedanken fließen lassen und nur spüren. Meist bleibt sie lange im Wald oder am Ufer des kleinen Sees oder des Meeres, dann ergibt sich baldigst ein neuer Weg, eine offene Tür oder es wird ein neues Lichtfenster geöffnet.

Apropos Licht: Aufgeladen mit Sonnenstrahlen und satt, voller Glück wieder am Meer sein zu können, macht sich nun doch körperlich Hunger bemerkbar, und Sophia macht sich fertig, um essen zu gehen.

Die Übungen

In diesem Buch befindet sich nach den Kapiteln immer eine Übungsseite. Es steht euch, liebe Leserinnen und Leser, frei, diese Übungen gleich im An-schluss des Kapitels zu machen oder nach dem Lesen des gesamten Buches.

Die Übungen haben keinen weiteren Einfluss auf das Verständnis des Buches. Sie stellen rein die Möglichkeit dar, sich selbst mit dem Thema auseinanderzusetzen, und können einen Denkanstoß geben, um eine neue Perspektive zu gewinnen.

Übung 1 – Kraftplätze

Sophia liebt Griechenland und das Meer!

Welche Kraftplätze kennst du in deiner näheren oder weiteren Umgebung? Kraft-plätze, die du auch regelmäßig besuchen kannst. Kraftplätze sind Orte, die dir einen Energiekick verleihen, damit du dich nach kurzer Zeit besser fühlst. Nach einem Aufenthalt dort bist du aufgeladen mit neuer Energie. Es ist ähnlich wie bei Elektroautos, die nach der Zeit in der Ladestation voll auf-getankt sind und voll neuer Kraft.

Wo sind deine Energietankstellen und Kraftplätze?

Suche nach fünf Orten, wo du dich wohlfühlen und allein sein kannst mit dir selbst. Es können auch mehr sein!

2 BALI

Sophia kennt sich auf ihrer Lieblingsinsel gut aus, daher macht sie sich fertig und fährt dann mit ihrem Mietauto der Sonne entgegen, bis nach Bali, zu einem wunderschönen Restaurant, das auf einem Hügel gelegen ist. Es verwöhnt mit einer atemberaubenden Aussicht, köstlichen griechischen Speisen und den vielen Düften aus der Küche. Als sie nach kurzer Fahrt in Bali ankommt, sieht sie das Meer tief unter ihr, die Sonne sendet ihre letzten Strahlen auf den Hafen zwischen den Felsen. Die Schiffe schaukeln nach dem Sturm des Tages sanft im sich beruhigenden Meer. Von der Hauptstraße geht es in Serpentinen hinunter bis zum kleinen, überschaubaren Hafen. Sie geht eine Runde um den Hafen und lehnt sich, etwas müde nach diesem langen Tag, an einen warmen Felsen, um sich nach der Fahrt zu entspannen und ein wenig die Sonne zu genießen. Sie spürt die Wärme des Steins. *Wie herrlich es doch ist, die Wärme der Sonne zu spüren,* denkt sich Sophia. Nach einiger Zeit spaziert sie einen Hügel hinauf. Hoch oben im Mythos-Restaurant blickt sie auf das offene Meer, auf seine Weite und Unendlichkeit. Sie hat das Gefühl, hinter dem Horizont versinkt die Welt.

„Überwinde den Raum und alles, was übrig bleibt, ist HIER", sagte ihr einmal ein Mönch in einem griechischen Kloster. Jedes Mal, wenn sie so dasitzt und aufs Meer hinausschaut wie jetzt, fällt ihr der Satz wieder ein. Wie recht er doch hatte! Sie fühlt ihre Seele glücklich und ganz und gar aufgehoben bei ihren Göttern. Unbeschreiblich, der Geruch – unbeschreiblich, die Gefühle, die erwachen, während sie diesen atemberaubenden Blick genießt. Sie ist hier allein, aber ihr Herz und ihre Seele sind tief bewegt und berührt. Das Leben hat etwas vor mit ihr – sie weiß es –, aber noch soll sie das Alleinsein genießen können. Das Leben ist großartig, wenn man es so genießen kann, wie es eben gerade ist. Sophia ist offen für jeden Augenblick und gute Stimmung. Sie ist ganz HIER.

Aber auch ihre persönlichen Gemütslagen heißt es immer im Auge zu behalten. Das ist für Sophia sonst etwas kompliziert, aber im Moment sehr einfach. Diesen freudigen Zustand, den sie hat, auch zu halten, ist schon eher eine Herausforderung. Im Urlaub kann man in diesem Zustand vielleicht länger verharren als im Berufsleben. Aber auch dort gilt es nicht auf alle Vorkommnisse und Eventualitäten mit Aufregung und Ärger zu reagieren, sondern durchzuatmen und nachzufragen, wie es gemeint war.

Kurz schweifen ihre Gedanken ab in ihr Büro in Graz mit all ihren Aufgaben und Belastungen. Sie ist froh, endlich ein paar Wochen Urlaub bekommen zu haben. HIER im schönen Griechenland eins zu sein mit sich und der Welt. Die Düfte der Pflanzen zu riechen, die Hitze zu spüren und zu genießen, wenn der Asphalt vor Hitze flimmert und die Gischt der Wellen ins Haar sprüht. Einzigartig, diese Freiheit. Diese Stimmung gibt es für Sophia nur hier.

Sophia findet einen schönen Tisch mit Aussicht. Ein süßer Engel blickt sie an, entzückend! Sie bekommt ein Lächeln geschenkt. Mit großen, neugierigen Augen guckt die kleine Jette aus ihrem Kinderwagen zu ihr und blickt sie an – einfach lieb und offen, engelsgleich. Dieses kleine Mädchen ist ein Geschenk und Sophia unterhält sich mit ihm. Sie verstehen sich auf einer anderen Ebene – ohne Worte. Sophia kann gar nicht mehr wegschauen, weil die Kleine so süß ist und ihr Herz mit einem hellen Leuchten erfüllt. Am liebsten würde Sophia dieses Kind in ihren Armen halten und es an sich drücken, da es ihr mit seinem Lächeln und Glücklichsein Kraft gibt. Das Mädchen ist das ganze Glück seiner netten und stolzen Eltern, die am Nebentisch Platz genommen haben. Sophia erinnert sich an ihre beiden Töchter und liebt das Gefühl, das beim Anblick dieses kleinen unschuldigen Wesens aufkeimt.

Es gibt nichts anderes als die Liebe. Sie ist das höchste Gut, denn in allem liegt Liebe. Gottes Liebe! Die Liebe zur Natur, die in einer Perfektion erschaffen wurde und in einem aufeinander abgestimmten Gefüge seinesgleichen sucht. Die universelle Liebe zu allen Lebewesen, die Achtung und auch die Wertschätzung gegenüber allen anderen. Die Liebe zu allen Menschen auf dieser unserer aller Erde, die leider oft so begrenzt ist, dass untereinander Krieg geführt wird, und doch ist diese Liebe in ihrer Weite das Wichtigste.

Sophia betrachtet die Begrenztheit der Menschen aus dem Winkel der Unendlichkeit des Alls und erkennt sofort, dass wir uns viel mehr an den Schultern fassen sollten wie Brüder und Schwestern – gemeinsam tanzen, singen und uns lieben sollten, um besonders die Unterschiedlichkeiten jedes Einzelnen als Bereicherung sehen zu können. Sophia möchte das Leben feiern und sich täglich an allem erfreuen, was ihr so begegnet: dem Lächeln von Menschen, wie jetzt gerade von Jette und ihren glücklichen Eltern. Ein Augenzwinkern, ein gutes Gefühl im Bauch, weil man etwas erledigt oder jemandem eine Freude gemacht hat, und sei sie noch so klein.

Ein Gespräch mit einem Kind oder ein Blick von einem Kind, da liegt die Liebe in ihrer reinsten Form vor. Jette gibt Sophia diese Art von Liebe, denn immer wieder sucht das Mädchen ihren Blickkontakt und lächelt. *Behütet die Kinder! Lasst sie Kinder sein, solange es nur möglich ist. Vielleicht sogar bis ins Erwachsenenalter. Wer liebt es nicht, sich manchmal wie ein Kind zu fühlen?*, denkt Sophia.

Der Kellner kommt und reißt Sophia aus ihren Tagträumen. Sie erhält einen großen gegrillten Fisch mit Reis und Tsatsiki und kann nun endlich ihren Hunger stillen. Den ganzen Tag hat sie sich auf diesen Augenblick gefreut. Nun genießt sie ihr herrliches Abendessen. Sie ist still beglückt von diesen traumhaften Köstlichkeiten mit herrlicher Aussicht und blauem Himmel in einem Sommer mit viel Licht und Wärme.

Sophia ging allein auf Reisen, um endlich frei zu sein von allen Verpflichtungen und Belastungen. Und davon gab es viele. Ihre finanzielle Situation war nicht gerade rosig. Sie musste noch den Kredit für ihr Haus zurückzahlen und wollte auch ihren Mädchen eine gute Ausbildung ermöglichen. Außerdem forderte ihr Job ihre ganze Kraft. Neben dem Haushalt und dem Bewerkstelligen ihres Lebens blieb nicht mehr viel Zeit für anderes. So genoss sie ihre langen Spaziergänge, um mit sich allein sein zu können. Wirklich frei war sie nur im Alleinsein. Sie hat das Alleinsein noch nie als Bürde erlebt, sondern immer als Bereicherung ihres Lebens. Da konnte sie nachdenken und auch loslassen und ganz bei sich sein und in der Natur.

Übung 2 – Alleinsein

Die nächste Übung besteht darin herauszufinden, wo du am liebsten mit dir selbst allein sein möchtest, um besser nachdenken zu können, um zu entspannen, um dich frei fühlen zu können.

Nimm dir ein paar Augenblicke Zeit für dich selbst! Wo kannst du ganz für dich sein – wo braucht es keinen anderen? Denn es ist erfüllend und ganz einnehmend für sich allein zu sein, um die Kraft des Ganzen der Welt zu spüren. Oft gelingt es am Besten in der Natur!

Wann und wo brauche ich niemanden um mich und fühle mich trotzdem geborgen und wohl mit mir und der Welt?

3 EPHARISTO

Der Blick von hoch oben auf das in der Abendsonne liegende ruhige Meer. Nun beginnen die Gedanken von Sophia zu fließen: EPHARISTO! Mit diesen Worten begann alles! EPHARISTO ist griechisch und bedeutet Danke. Die Dankbarkeit ist das Wichtigste im Leben, um zur Freude zu finden, das hat Sophia schon lange erkannt. Dieses Wort bedeutet für sie so viel, kann so viel und gibt ihr so viel! Ganz besonders, weil viel mehr darin mitschwingt. Es bedeutet Danksagung, ja. Danksagung an das Leben, an die Liebe! An die Liebe, die in jedem Menschen wohnt. Einzigartig und bei jedem Menschen anders! Die Umarmung eines liebevollen Menschen und seine Nähe zu spüren, sei er noch so fremd, zeigt doch, dass wir alle Kinder sind und Geborgenheit brauchen. Das lässt das Herz von Sophia höherschlagen. Jeden Menschen so anzunehmen, wie er ist. Diese Art von Liebe erhält man meist von ganz anderer Seite unerwartet und unverhofft. Sie ist dann plötzlich da und bereichert und erhellt den Tag. *Anerkennung und Lob für seine Arbeit zu bekommen,* denkt Sophia, *das muss nicht unbedingt vom Chef sein.* Kunden oder Kollegen spüren oft viel besser, was jemand für das Wohl der anderen leistet. Liebe zu erfahren durch liebevolle Worte, dafür kann jeder dankbar sein. Danksagung an alle Genüsse des Lebens, die einem zuteilwerden – Essen, Trinken, Nähe, Berührungen von Herzen, Frieden, Glück, Gesundheit –, Danksagung für die Befriedigung von Bedürfnissen, damit Sättigung eintritt. Danksagung an die schönen Erfahrungen und Erlebnisse, die man aufnehmen kann, wenn man offen und frei ist. Dies können besonders Sonnenstrahlen, aber auch Bewölkung sein. Herzerwärmende Begegnungen oder Situationen mit Menschen. Ganz besonders Begegnungen in oder mit der Natur.

Ein freier Blick vom Gipfel des gerade frisch erklommenen Felsens über die Weiten einer Landschaft in die Welt. Ein erhebender Moment, für den wir dankbar sein können. Am Strand sitzend das ungestüme Treiben der Wellen beobachten, die wild ans Ufer schlagen und sich schäumend überschlagen, um dann sanft am Strand auszulaufen. Ein unaufhörliches Schauspiel, das stundenlang beobachtet werden kann, ohne langweilig zu werden. Da muss man keine schnellen Antworten geben, da darf man einfach nur beobachten, was sich so zu Wort meldet. Aber eines darf man auf jeden Fall sagen: Danke schön für die vielen Glücksfälle und für die vielen guten Erlebnisse, die schon gelebt werden konnten. Weite und Unendlichkeit lassen viel Raum für die guten Gedanken des Lebens. An Liebe, Energie, Schönheit, Eleganz, Reinheit, Güte und Licht. Danke an die Weitsicht, die man erhält, wenn man an die vielen wunderbaren Erlebnisse und Menschen im Leben denkt, die uns allen begegnet sind.

Sophia hat die Reise angetreten, um sich selbst wieder zu spüren, allein zu sein und nach vielen Ehejahren Bilanz zu ziehen. Ihr Blick ruht nun auf dem unglaublichen Blau des Meeres und sie erinnert sich an die vielen unvergesslichen Augenblicke mit ihrer Familie. Ein unbeschreibliches Lächeln steigt in ihr auf und setzt sich auf ihr Gesicht. Gedankenverloren lässt Sophia es zu, in ihre Erinnerungen zu tauchen. Die vielen glücklichen Momente mit ihrem Mann werden ihr unvergesslich bleiben. Sie hatte tiefes Vertrauen erfahren dürfen und konnte sich stets auf ihn verlassen. Viele lustige und abenteuerliche Erlebnisse tauchten vor ihren Augen auf. Ihr Lächeln wird breiter und so erfüllt von Glück. Da ist sie wieder, diese Dankbarkeit. Sie taucht einfach auf, ganz zart und mild gemeinsam mit ihrem Lächeln. Es sind wirklich viele gute Erinnerungen, Gefühle und Erlebnisse an diese Jahre der Familie. Vieles fällt ihr im Moment ein, das sie erfüllt und glücklich gemacht hat.

Jetzt ist die Situation eine andere, sie ist getrennt von ihrem Ehemann und allein. Unglück und Verbitterung verspürt sie aber nicht, dafür ist das Leben viel zu spannend und aufregend. Von den schönen Erinnerungen wird sich Sophia nie trennen. Vielleicht werden sie irgendwann verblassen und in den Hintergrund treten, doch sie bleiben bei ihr wie Lichtstrahlen, die ihre Seele erhellen und die sie mitnimmt in ihr weiteres Leben. Allein und traurig zu Hause zu sitzen ist für Sophia ein Ding der Unmöglichkeit. Einsamkeit gekoppelt mit Traurigkeit – unerträglich.

Viel zu lange hat sie gelitten und wäre an der Situation der Trennung fast zerbrochen. Wie viele Tränen hatte sie geweint, bis sie endlich bemerkte, dass das Leben nicht nur süße Feigen, sondern auch saure Zitronen für sie bereithält. Bald erkannte sie, wie man daraus herrliche süße Limonade machen kann.

Schön langsam wird es wieder kühler, da die Sonne untergegangen ist. Sophia bindet sich ihr Tuch fester um ihre Schultern und verlässt ihre Träumereien sowie diesen magischen Ort in Bali. Wie sehr hat sie doch diesen herrlichen ersten Tag genossen, ganz allein mit sich selbst und in dem

Glück, die Sonne zu sehen. Sie macht sich auf den Weg nach Hause. Auf der langen Heimfahrt sieht sie auf ihrer rechten Seite das Meer tief unten an die Felsen schlagen, bis es von der Dunkelheit verschluckt wird.

Sie denkt darüber nach, warum sie keine Einsamkeit kennt. Diese ist ihr völlig unbekannt! Warum ist das so? Auch in frühester Kindheit kannte sie kein Gefühl von Langeweile und Einsamkeit, sondern immer ein Gefühl von Geliebtsein in ihrem Alleinsein. Man kann das göttliche Liebe, universelle Liebe oder auch elterliche Liebe nennen, die über den Tod der Eltern hinausgeht. Sophia spürt, dass die Liebe ihrer Eltern nicht mit dem Tod von Mutter und Vater endete, sondern immer da ist. Von wo auch immer diese Liebe kommt. Sophia kann sie überall spüren. Und vielleicht sind ja auch noch die Großeltern und Urgroßeltern daran beteiligt. Es ist einfach kein Grund vorhanden, sich einsam, verlassen oder traurig zu fühlen, auch wenn sich das Leben ändert, ohne dass sie es so wollte. Oder wollte sie es vielleicht doch, ganz unbewusst? Oft wird man nicht gefragt und muss sich fügen und das Neue so annehmen, wie es kommt. Es ist vielleicht im ersten Moment nicht immer angenehm, wie sich das Leben entwickelt, doch meistens ist es für Sophia gut, wie es ist. Ein Mensch ist nicht dafür gemacht, ein Leben lang die gleichen Schritte zu gehen. Flexibilität und Beweglichkeit sind die wichtigsten Erfahrungen in Sophias Leben, denn dann kommen auch das Glück und neue Glücksmomente zu ihr.

„Gnothi seauton – erkenne dich selbst! Erst wenn du aufhörst, der zu sein, der du warst, kannst du der werden, der du bist!"

Das sagte einmal ein griechischer Mönch in einem abgelegenen Kloster auf einem Hügel nahe am Meer zu ihr.

Aber wer bin ich eigentlich? Wie kann ich in meiner Existenz herausfinden, wer ich wirklich bin? Wer ist das, der ins Wanken gerät, wenn mich etwas aus der gewohnten Bahn wirft? Sophia nützt den heutigen Abend. Sie geht in die Stille und lässt alle Gedanken kommen und an ihr vorbeiziehen, ohne einen festzuhalten oder gar zu beurteilen. Ohne sich selbst zu verurteilen oder Dinge und Situationen zu verherrlichen. Sie beobachtet sich selbst, wie sie im Leben und in der Welt steht. Liebe, Natur, Leben, Dasein. Was braucht der Mensch zum Leben und zum Glücklichsein. Sitzen und schauen, alle Gedanken fliegen lassen und frei sein, frei von Alltäglichkeiten, sich einfach hingeben in das pure Leben. Das Leben an sich annehmen in seiner ganzen Schönheit, besonders hier im Urlaub, weit weg von zu Hause und dem Alltagstrott. Endlich kommt sie in ihr Appartement und ist erfüllt von der Kraft Griechenlands. Sophia braucht Orte wie diese. Sie will die Weite des Meeres bis in die Unendlichkeit sehen. Jetzt ist es dunkel geworden und die Lichter der Stadt leuchten zu ihr auf den Hügel empor. Bevor sie schlafen geht, zündet sie sich noch eine Zigarette auf ihrer großen Terrasse an und genießt den ruhigen Abend, denn der Wind hat aufgehört und eine liebevolle Ruhe liegt über der Insel. Sie beobachtet ihren Atem und schaut in die Ferne! Niemand spricht sie an! Sie sitzt hier allein und ist glücklich. Sie kann anfangen, wieder zu sich zu finden. Sie weiß nicht, wie viel Zeit vergangen ist, aber sie wird sehr müde und geht total entspannt, selig, überglücklich und frei in ihr frisches, duftendes Bett.

Übung 3 – Dankbarkeitsliste

Wie gerade in diesem Kapitel beschrieben, geht es um eine tiefe Dankbarkeit im Leben. Dankbar sein zu können für alles, was es an Gutem in unserem Leben schon gegeben hat. Gesundheit, eine liebe Familie oder zumindest ein Mensch, der stets zu einem hält, glückliche Fügungen, Unerwartetes und Überraschendes...

Die Liste lässt sich noch lange fortsetzen, aber nun bist du dran.

Wofür kannst du dankbar sein in deinem Leben?

Erstelle eine Liste und lass deiner Phantasie freien Spielraum. Denke in weiten Bögen bis hinein in deine Kindheit.

4 STILLE

Der Wind weht aus Nordost und auf dem tiefblauen Meer haben sich Schaumkrönchen gebildet. Die Sonne steht am Himmel und das türkisblaue Meer hat eine unermessliche Weite bis an den Horizont, wo es mit dem Blau des Himmels verschmilzt. Die Boote, die kommen und gehen, hinterlassen eine weiße Spur von aufgewühltem Wasser hinter sich. Wer weiß, wohin sie aufbrechen? Welche Abenteuer werden die Menschen auf ihnen erleben? Der Duft von mediterranen Gehölzen, Olivenbäumen, Feigenbäumen und wilden Kräutern in der Hitze der Sonne. Riesige Duftwolken treibt der noch kühle Wind zeitweilig heran und hüllt Sophia in eine betörende Wolke aus Gerüchen. Der blühende Rosmarin und Thymian steigen in ihre Nase. Die klaren Farben an diesem Morgen, die in der Sonne Griechenlands so richtig zur Geltung kommen, sind traumhaft. Vorrangig Blau, Türkis, Olivgrün und Weiß, ein echter Augenschmaus. Das Grün der Pflanzen auf dieser Insel berührt das Auge besonders.

Wie kann man nur so beseelt sein von einem Ort auf dieser Welt? Und davon gibt es bestimmt Tausende, für jeden Menschen seinen eigenen Glücksort. Pures Leben in seiner natürlichsten, ursprünglichsten und eigentlichsten Form. Das Glück im Dasein, im Jetzt spüren – ohne Extras, zusätzliche Verstärker und unnötige Ablenkungen. Alle Gedanken sind ausgeschaltet. Nur schauen, fühlen und lächeln. Sich keine Gedanken machen über gestern und morgen. Gestern ist Geschichte und das Morgen ist ein Rätsel! Gestern ist schon vorbei und morgen ist noch nicht da. Wer weiß, was kommen will. „Que sera sera, whatever will be, will be!", heißt es in einem alten Lied, das Sophia schon sehr lange kennt und ihr nun nicht aus dem Kopf geht. Lebe dein Leben im Jetzt!

Genau das macht Sophia an diesem Morgen. Sanft ist sie ihrem Bett entstiegen, hat sich gleich auf ihre herrliche Terrasse gesetzt und die herrliche Natur mit all ihren Sinnen wahrgenommen. Ihr ganzer Körper hat gelächelt und gestrahlt, nicht nur ihr Mund und ihre Augen.

Nun wird es aber Zeit in den Tag zu starten, und zwar mit einem köstlichen Frühstück unter freiem Himmel. Wie immer presst sie sich die Sonne aus drei vollreifen Orangen in ein Glas, ein wahrer griechischer Kraftshot am Morgen. Dann schneidet sie zwei wunderschöne große Tomaten in kleine Scheiben und der rote Saft läuft auf den Teller. Es ist eine wahre Freude. Darüber bröselt sie guten Schafkäse. Zuletzt zerreibt sie noch einige Rosmarinnadeln in ihren Händen und streut sie darüber. Das frische und knusprige Brot hängt in der Früh schon an ihrer Tür, sie braucht es nur noch aufzuschneiden. Was jetzt noch fehlt, ist eine Karpouzi, eine Wassermelone. Kalt und sehr erfrischend kommt sie direkt aus dem Kühlschrank. Zum Glück scheint die Sonne heute wieder wie jeden Tag heiß und hell vom Himmel.

Als sie nun beginnt ihre Köstlichkeiten zu verspeisen, setzt sich ein kleiner Ladybird, ein Marienkäfer, auf ihre Hand. Er klappt seine Flügel ein, krabbelt zart weiter und Sophia beobachtet ihn voller Freude. Er kam, um mit ihr das Frühstück zu teilen! Wie entzückend er hin- und hermarschiert. Sophia lässt ihn von einer Hand zur anderen spazieren. Dann krabbelt er an die Spitze ihres Zeigefingers, blickt sie nochmals an, dreht er sich um, öffnet seine Flügel und fliegt fort. Sie schaut ihm noch nach und ist glücklich mit sich, denn der kleine Käfer hat ihr vielleicht eine süße Botschaft bringen wollen.

Sie liebt ihr Alleinsein in diesem Augenblick. Da ist kein Kummer, keine Verzweiflung, die sie zu Hause noch so schwer auf ihren Schultern spürte. Warum auch? Alles, was sie braucht, ist hier. Sie ist voll und ganz zufrieden. Sophia blickt hinaus aufs Meer, über die vielen Olivenbäume und die rote Erde hinweg. Leichter Wind umweht ihr blondes langes Haar, als ob er sanft mit ihren Haaren spielen und ihr Gesicht streicheln wollte. Wie sehr sehnt sie sich doch nach genau dieser Berührung durch einen liebevollen Mann.

Sie riecht das salzige Meer und plötzlich sieht sie in Gedanken ein Gesicht vor sich. Es ist ein wenig verschwommen und unklar. Es stellt jedoch einen Mann dar, mit langen Haaren und sehr gepflegt. Sein gut rasiertes Gesicht wird von einer schicken Sonnenbrille geschmückt. Sie kann ihn immer klarer erkennen. Ein Mann um die vierzig. Er kommt immer näher, aber sie kann sein Gesicht nicht genau wahrnehmen. Gerade als er die Brille abnehmen will, klopft es laut an die Tür und Sophia wird aus diesem Tagtraum gerissen. Die liebe Maria möchte wissen, ob sie das Zimmer machen könne, denn sie wolle schon heimgehen. Erst jetzt bemerkt Sophia, dass es schon Mittag ist. Sie lässt Maria gehen, denn heute ist nicht viel zu tun. Das schafft sie auch allein. Aber dieser sagenhafte Tagtraum ist vorbei. Was hat das zu bedeuten? Zuerst der Glückskäfer und dann diese Bilder? Wer weiß, was kommen mag ...

Sophia liebt die herrliche Meeresluft, den leichten Dunst in der Ferne. Sonnenschein motiviert sie zu einem Spaziergang durch den Ort ans Ufer des Meeres. Lieblich schlängelt sich der Weg entlang des Meeres. Der wunderbare Blick auf das wilde Wasser, das da vor ihr liegt, macht sie frei und offen für alles, was kommen will. Ihr Blick schweift in die Ferne und sie genießt die angenehme Betriebsamkeit um sich. Mit tiefen Atemzügen nimmt sie die erfrischende Meeresluft in sich auf. Ganz ruhig wird ihr Inneres und ihr Blick schweift in die Ferne. Kein Gedanke belastet sie in diesem Moment und die Gleichförmigkeit ihrer Schritte gibt den Takt vor. Ihre Füße sind im festen nassen Sand. Manchmal berühren sie die kleinen Wellen und sie watet im seichten Wasser. Muscheln und bunte kleine Steine umspielen ihre Beine. Das gleichförmige Rauschen der Wellen, der Atmung gleich, beruhigt sie noch mehr. Sie ist sehr glücklich und freut sich hier sein zu können. Die turbulenten Gedanken der letzten Wochen scheinen wie ausgeblendet. Im Moment ist sie komplett leer im Kopf und doch erfüllt mit dem wunderbaren Gefühl eingebettet zu sein in Gottes herrliche Welt.

In den letzten Wochen war Sophias Gemüt durcheinander. Zu viel passierte in ihrer Welt. Ihr fehlte der Blick durch die Nebellandschaft. Obwohl das Glück um sie war, war doch alles neu zu gehen. Sie war an einer Stelle in ihrem Leben angekommen, wo es möglich war, viele Wege einzuschlagen. Sie spürte in sich ein Feuer, etwas Neues zu tun, neu zu entscheiden auf ihrem Lebensweg. Sie spürte das Glück des Paradieses in ihrem Herzen.

Aber sie wusste, sie würde sich nicht stören am turbulenten Wetter in ihrem Leben, sondern auf ihr Inneres horchen und ganz genau spüren, wo ihr Weg hinführen sollte. Ihr Geist beruhigte sich zunehmend, sie konnte besser auf sich selbst hören und kam sich selbst und vielleicht auch Gott näher.

Die Lippen zu verschließen und den Mund mit einem imaginären Schlüssel zu versperren heißt, Energie zu sparen. Sinnloses wird nicht gesagt. Angebereien, Lästern, Klatsch und Tratsch von anderen wollte sie nicht mehr hören, ganz zu schweigen von Beschimpfungen, Geschrei und Streitigkeiten.

Den Geist zu beruhigen und zu sich zu kommen lässt erst die Möglichkeit zu, sich zu öffnen und zu hören. Auf das Innere zu hören. Sophia verbringt gerade diese Tage hier als verschwiegenen Urlaub, nur für sich.

In vielen Lebenssituationen ist es oft besser, nichts zu sagen. Keine Antwort zu geben und keine Beurteilungen auszusprechen wird oft mehr geschätzt als ein vorschnelles Reagieren, Beurteilen und Beratschlagen. Es ist erlaubt Aussagen anderer Menschen unkommentiert zu lassen, um erst später eine passende Antwort zu geben, vielleicht nach einer Nachdenkphase.

Wenn Sophia in sich ruht, kann sie ihre Energiereserven auffüllen. Einfach hinausschauen aufs Meer. Einfach nichts sagen oder denken. Schweigen schenkt ihr Energie. Einfach mal ein Gebet sprechen an Gott, weil es gerade so aus ihrem Herzen kommt. Sophia erinnert sich an die Worte Jesu, die ihr der Mönch in ihrem Lieblingskloster auf Kreta einmal sagte.

„Sprich nur ein Wort und deine Seele wird gesund." Worte des Gebets sind auch immer Worte der Heilung.

Die junge Frau Anfang vierzig ist nun lange gegangen. Sie kommt zu einem Abschnitt mit vielen Felsen, den sie noch nie gesehen hat. Eine spannende Landschaft eröffnet sich vor ihren Augen und sie ist herausgerissen aus ihren Gedanken und dem gleichförmigen Gehen. Daher setzt sich Sophia nun auf einen Felsen in der Sonne und beginnt zu beten. Sophia bittet um eine neue Idee, eine Lösung oder einen neuen Weg, der bis hierher unsichtbar war. Sie hofft, dass ihr ein Licht aufgeht – im wahrsten Sinn des Wortes. Sie möchte, dass ihre Träume Wirklichkeit werden und dass sie das Feuer, die Flammen tief in ihrem Inneren leiten werden, den richtigen Weg zu gehen. Mit der Freude gelingt es Sophia zuhause die trüben Tage zu überwinden und das Glück des Lebens an sich immer wieder anzunehmen. Denn dann, ganz plötzlich, öffnet sich ein Wolkenfenster aus der Nebeldecke und ein heller, gleißender Lichtstrahl bricht hindurch und strahlt auf sie herab, erhellt ihr Gemüt und bringt Sicht in ihren Alltag. Alles wird auf einmal klar. Auch jetzt hofft sie darauf, zu erkennen, was sie in ihrem jetzigen Leben ändern könnte. Sie schließt die Augen und beginnt zu beten und zu meditieren. Da sieht sie vor ihrem inneren Auge wieder das Bild eines Mannes, wie neulich in der Früh. Diesmal lächelt er und kommt ein paar Schritte auf sie zu. Er senkt kurz seinen Kopf zu einem Gruß. Dann verblasst das Bild und Sophia öffnet ihre Augen. Was hat das zu bedeuten?

Sie starrt auf das Meer und auf die riesigen Felsformationen, die im Wasser stehen. Eine meterhohe Welle nach der anderen zerschellt an den zerklüfteten Felsen. Mit gewaltigem Beben prallen sie an die von Erosion gezeichneten Steine. Hoch spritzt die Gischt und überschüttet den Berg mit salzigem Wasser. Eine Welle nach der anderen beobachtet Sophia, ihre Gedanken sind jedoch beim Bild dieses Mannes. Sie kann sich keinen Reim darauf machen. Da entdeckt sie am Ende des Landvorsprungs in sehr weiter Entfernung einen winzig aussehenden Leuchtturm. Noch nie hat sie ihn gesehen. Seit wann gibt es ihn? So viele Jahre läuft sie schon den Strand entlang, wenn sie hier ist, aber noch nie ist ihr ein Leuchtturm aufgefallen. Einmal würde sie ihn besichtigen, beschließt Sophia. Aber nicht heute.

Übung 4 – Atemübungen

Unser Atem begleitet uns ein Leben lang und ist dafür verantwortlich, dass alles in unserem Körper gut funktioniert. Wir atmen unentwegt, ohne dass wir unserem Atem auch nur die geringste Aufmerksamkeit schenken.

Atem ist Leben!

Probiere einmal tief einzuatmen, ganz langsam und mit Achtsamkeit!
Und dann wieder ausatmen mit Bedacht. Beim nächsten Einatmen spüre die Kraft des Sauerstoffs, der sich überall in deinem Körper verteilt. Beim Ausatmen lass alles los, was dich belastet. Alles ausatmen, was du nicht mehr in dir brauchst.

Mache diese Übung drei Mal und spüre die angenehme Wirkung der Entspannung und des Loslassens. Alles fließen lassen! Auch alle Gedanken fließen lassen, keinen mehr festhalten. Die Konzentration liegt nur auf der Atmung!

Je öfter du diese Übung im Verlauf deines Tages einbaust, vielleicht auch während des Lesens dieses Buches, zwischen den Kapiteln, umso besser wirst du darin und umso gelassener werden dein Tag, deine Beziehung, dein Leben.

5 DIE SONNE IST IMMER DA!

Am Nachmittag nach ihrem ausgedehnten Spaziergang will Sophia ihrem langjährigen Freund Dimitri einen Besuch abstatten. Er ist Mönch in einem Kloster nahe Chania. Sie kennt ihn schon ewig und jedes Mal, wenn sie ein Gespräch mit ihm führt, ist es stets eine Bereicherung für ihr Leben und immer sehr herzlich. Sie freut sich schon sehr auf ein Wiedersehen. Während der Fahrt überlegt sie, was er ihr diesmal sagen wird. Immer hat er einen Ratschlag zum Nachdenken dabei. Im nahen Kaffee bei seinem Kloster mit traumhaftem Blick über Chania und über das Meer soll ihr Treffpunkt sein.

Als Dimitri kommt, ist die Wiedersehensfreude der beiden groß. Sie umarmen sich und eine Stimmung, gefüllt mit Emotionen und Glück, umgibt sie. Dimitri fragt:

„Wie läuft es so zuhause bei dir? Du warst schon viel zu lange nicht mehr hier! Was hat sich alles bei dir verändert und was ist gleich geblieben?"

„Weißt du", antwortet Sophia, „aus einer dichten Wolkendecke aufzusteigen mit einem Flugzeug und plötzlich die Sonne zu sehen über den Wolken ist eines der erhebendsten Erlebnisse."

„Was bedeutet das? Was willst du mir damit sagen?", fragt der Mönch.

„Oft hängen die Wolken, der Smog und das trübe, feuchte Wetter monatelang über der Stadt und oft glaube ich, es gibt keinen Sonnenschein mehr. So vielen Anforderungen muss ich entsprechen und so viel muss ich schaffen. Es fühlt sich wie eine schwere Last an."

„Genauso ist es mit den Sorgen, sie haben oft ein sehr schweres Gewicht", erklärt ihr der Mönch aus dem Kloster. „Hast du Sorgen, Sophia? Warum bist du alleine hier? Wo sind deine Kinder?"

„Oft glaubt man, es gibt kein Ende dieser Nebelsuppe und man kommt nicht mehr heraus!", meint Sophia.

„Gerade dann mache dir bewusst, Sophia, dass die Sonne immer da ist, jeden Tag und überall. Wir sind beschützt und getragen von Gott, der Sonne über uns", antwortet Dimitri liebevoll.

„Ich habe schon so viele Tage mit mir gekämpft, nicht aufzugeben und alles durchzustehen, aber manchmal war ich am Verzweifeln. Meine beiden Kinder sind jetzt schon selbständig und können auf sich selbst achtgeben, aber es war oft sehr schwer und belastend alleine für alles zu sorgen, und das noch neben meiner Arbeit. Ich bin nun doch schon einige Jahre geschieden und musste alles alleine tragen", erklärt sie.

Nun blickt der Mönch in Sophias bekümmertes und mit Schatten bedecktes Gesicht und denkt eine Weile nach, dann antwortet er:

„In uns gibt es eine zarte, leise Stimme, die uns stets auffordert, uns mit unserem Herzen zu verbinden. Es lohnt sich auf diese Stimme zu hören. Denn das Herz kennt lange vor unserem Verstand die Antworten und die Lösungen zu unseren Rätseln."

Sophia hört genau zu und fühlt sich wie immer sehr wohl in der Umgebung von Dimitri. Er strahlt eine angenehme Atmosphäre und Präsenz aus. Er erzählt weiter:

„Obwohl der Verstand die Dinge analysiert, genau zergliedert und erklärt, ist das Herz schon bereit für die Antwort."

Wie recht er doch hat. Sophia nickt und spürt, wie Herz und Bauch immer gleich wissen, was zu tun ist, nur nicht ihr Verstand. Der ist noch zu beschäftigt, alles abzuwägen. Dimitri blickt tief in Sophias Augen und sieht, was er sehen wollte.

„Also", beginnt er wieder, „es ist an der Zeit, die Verbindung zu deinem Herzen wiederherzustellen. Die Natur hat die Herzensverbindung der Menschen vervollkommnet. Dein Herz kennt die Antwort und teilt sie dir mit. Auf dein Herz hören musst du nun selbst!" Da lächelt er charmant. Dieses Lächeln liebt Sophia so sehr an ihm. Er ist ein liebenswerter und charismatischer Mensch und hat sein Herz am rechten Fleck.

„Etwas, was du im Leben bereits erkannt hast, kann durch geänderte Lebensumstände möglicherweise auch wieder in Vergessenheit geraten sein. Und deine Lebensumstände haben sich verändert, liebe Sophia, du bist frei und unabhängig geworden. Suche wieder deine Verbindung zu deinem Herzen!"

Jetzt kann auch Sophia wieder lächeln. Dimitri hat recht, sie verlor die Verbindung zu ihrem Herzen nach der Trennung von ihrem Mann. Sie fiel in ein tiefes Loch, ohne den Boden zu erreichen. Sie funktionierte nur, damit alles am Laufen blieb. Sie hörte auf, auf ihr Herz zu hören, denn es war verletzt und es tat weh, es zu berühren. Es dauerte eine Zeit, bis sie ganz tief unten am Boden ankam, um dann wieder den Weg nach oben zu finden.

„Du meinst, Zeit in der Natur zu verbringen lässt Turbulenzen im Leben überwinden und lässt mich Ruhe finden?", will Sophia wissen, denn das tut sie bereits, seitdem sie hier ist.

„Ja, genau. Sich das Problem von der Seele zu reden hilft vielen Menschen auch", meint der Mönch, „und das tun wir auch gerade. Dann hast du es nämlich aus deiner Seele herausgenommen und die jeweilige Situation belastet dich weniger. Das Herz fühlt sich wieder leichter, denn es kennt sowieso die Antwort."

Da gibt es für Sophia kein Halten mehr und sie beginnt zu erzählen, wie ihr Leben seit dem letzten Urlaub hier verlaufen ist. Sie erzählt von den Abgründen, die sich auftaten, und wie verzweifelt sie war. Sie erzählt von den vielen Unverträglichkeiten und Lieblosigkeiten am Ende ihrer Ehe. Sie lässt dem Schmerz ihrer Seele freien Lauf und erzählt ihm von der Trennung und der gerichtlichen Scheidung. Sie legt all ihre Kümmernisse und Schwierigkeiten mit ihren lieben Töchtern vor Dimitri auf den Tisch. Bei ihm fühlt sie sich vertraut und geborgen und er ist ein guter Zuhörer. Wie oft hatte sie Sorgen, aus Müdigkeit und Erschöpfung den Tag nicht zu schaffen. Sie war allein und es fehlte ihr die Unterstützung ihres Mannes oder ihrer Eltern, die leider schon verstorben waren. Sie musste die damalige Situation alleine schaukeln.

Sophia fühlt, wie Tränen über ihre Wangen rinnen, so sehr berührt es ihre Seele, über die Herausforderungen der letzten Jahre zu sprechen. Es war ein Glück viele liebe Freunde und Freundinnen an ihrer Seite zu wissen.

Dimitri sagt lange gar nichts, nachdem Sophia ausgesprochen hat. Er reibt sich sein Kinn mit dem weichen, langen Bart und sieht Sophia immer wieder an, dann meint er mit tiefer Stimme:

„Dein Herz kennt die Antwort und teilt sie dir immer mit!"

Nach einer weiteren Pause setzt er fort:

„Du bist ein sehr achtsamer und verantwortungsvoller Mensch, Sophia, daher weiß ich, dass du nicht leichtfertig gehandelt hast, sondern dein Druck groß gewesen sein muss, dass du diesen Schritt gemacht hast. Du hast bestimmt alles versucht, was in deiner Macht stand. Wie sehr dich deine Belastungen berührten, sehe ich. Jetzt aber steht eine andere Frau vor mir als damals, als du das letzte Mal hier warst. Jetzt bist du herausgestiegen aus diesem tiefen Brunnen, hast dich neu erfunden und gehst gestärkt in dein neues Leben."

Sophia lächelt über die lieben Worte von Dimitri und sagt:

„Das Von-der-Seele-Reden funktioniert ja fast wie bei einem Zauberer, der einzelne Gedanken aus einer Flut von Gedanken mit seinem Zauberstab aus dem Kopf ziehen kann und in einem Gefäß aufbewahrt, bis es Zeit ist, darüber gesondert nachzudenken."

„Ja, genau!", meint Dimitri.

Beide müssen nun laut lachen, weil sie so glücklich sind, miteinander zu sprechen.

„Vielleicht bist du nicht aufmerksam genug, um auf dein Herz zu hören. Wenn du täglich 30 Minuten oder länger in der Natur verbringst – natürlich nur, wenn du es dir einteilen kannst –, achte aufmerksam auf die Antworten, die dein Herz dir gibt! Bewegung an der frischen Luft ist für Körper und Geist die beste Medizin", erklärt der Mönch. Da muss Sophia nun mit Dimitri schimpfen, denn er ist selbst ein recht beschäftigter Mann und vergisst oft auf Bewegung. Aber natürlich hat er recht.

„Sie erhält oberste Priorität für mein eigenes Wohlbefinden", antwortet Sophia. „Aber ich werde in Zukunft auch mehr auf mein Herz hören und lauschen, versprochen. Auch wenn ich noch nicht weiß, ob mir das auch gelingen wird!"

„Es gehört zu den beglückendsten Momenten im Leben, sich mit Dingen und Menschen zu beschäftigen, die einen glücklich machen und Freude bereiten", sagt der Mann. „Wir sollten darauf nie vergessen. Es genügt schon ein einziger Moment und wir können alles ändern. Gestalte dein Leben so, dass es voller Geschichten ist! Menschen mit vielen Geschichten haben in der Regel wenig zu bereuen. Freiheit, Leichtigkeit und ein wacher Geist sind der Schlüssel zum Erhalt des Glücks."

„Das klingt alles so leicht und einfach", bemerkt Sophia.

„Wenn sich eine Tür des Glücks schließt, öffnet sich eine andere, liebe Sophia, glaube mir! Glückskinder haben nicht zwangsläufig das Beste vom Besten. Sie nehmen einfach das Beste, was sie auf ihrem Weg vorfinden."

Das will Sophia sich merken. Das Beste, was sie vorfindet, einfach annehmen. Alles so nehmen, wie es ist, und das nächste, wie es kommt!

„Hat das auch mit Zufriedenheit zu tun, Dimitri?"

„Ja, absolut! Wenn du mit dem zufrieden bist, was du hast, hast du weniger Sorgen! Niemand ist zuständig für dein Glück, außer du selbst. Dalai Lama sagte einmal: ‚Wenn du glücklich sein willst, dann sei es!' Das ist eine der besten Übungen im Leben!"

Sophia fragt: „Kannst du mir da ein Beispiel nennen?"

Dimitri denkt kurz nach und sucht etwas Passendes aus den vielen Möglichkeiten aus:

„Klammere dich nicht an ein Thema, wenn keine Lösung in Sicht ist. Vorwürfe bringen gar nichts, sie verhärten nur die Fronten. Lass ein Thema von einem Augenblick auf den anderen beiseite. Gib den Menschen mehr, als sie erwarten! Verwundere sie durch plötzliche Emotionsänderungen ins Positive! Öffne dein Herz und lass die Liebe wieder ungehindert und in ihrer schönsten Form fließen!"

Sophia ist glücklich, sich mit ihrem lieben Freund getroffen zu haben, und bedankt sich von Herzen bei Dimitri für das anregende Gespräch und die Zeit, die er ihr geschenkt hat. Aber so will er das nicht stehen lassen. Er bedankt sich seinerseits und lädt sie zum heutigen Fest in die Kirche ein. Welch eine Freude für Sophia, bei einem griechischen Fest dabei sein zu dürfen. Sie verbringt den Abend mit Dimitri und vielen anderen Gästen bei griechischer Musik und köstlichem griechischen Essen. Es wurde sogar Lamm gegrillt, ein wahrer Festschmaus. Sophia liebt dieses Fleisch ganz besonders. Beim gemeinsamen Tanzen in der langen Schlange vergisst sie ihre Sorgen, öffnet ihr Herz und ist ausgelassen und glücklich. *Ist es Zauberei,* fragt sie sich, aber ein neuer Horizont eröffnet sich gerade, denn sie riskiert zum ersten Mal nach ihrer Scheidung die Schnittstelle zwischen Herz und Verstand zu überschreiten. Sophia fühlt die Leichtigkeit des Seins und tanzt bis in den Morgen.

Übung 5 – „Wenn du glücklich sein willst, dann sei es!"

Hier sind einige Sätze, die uns ganz genau auf das JETZT fokussieren lassen!

Wie oft kannst du einem Satz zustimmen und ihn ankreuzen?

Wie stark ist deine mentale Kraft? Es liegt an uns, unsere Einstellung zu verändern! Vielleicht willst du etwas an deiner Einstellung in Lebensfragen verändern und kannst einen dieser Gedanken in dein Leben integrieren.

Sprich langsam, aber denke schnell!
Ich bin mir meiner Macht bewusst. All meine Energie liegt in meinen Gedanken.
Wünsche und Bedürfnisse denken und dann ihre Erfüllung ins Dasein visualisieren.
Gedanken auf das Ergebnis richten Erfüllung vorstellen und ins Dasein rufen.
Konzentriere dich auf deine Träume und Visionen!
Gute Gefühle ausstrahlen, Emotionen im Moment ins Positive ändern.
Alle problematischen Umstände aus der Vergangenheit loslassen
Don't dream it – do it! Ich weiß, wie ich alle Wünsche realisieren kann.
Man soll das Leben nicht so sehen, wie es ist, sondern wie es sein sollte!

Alles Gute, was geschieht,   setzt das nächste in Bewegung. (Goethe)
Es ist ein echt schwerer Weg trotz des Alleinseins in der Liebe,   in der Freude und im Glück zu bleiben.
Die eigenen Gedanken von negativen Störeinflüssen   im eigenen Geist reinigen.
Das Unangenehme zuerst erledigen,   dann ist man durch die enge Tür durch!
Den Menschen, der gerade da ist bei mir,   ganz im Jetzt annehmen.
Jetzt ist besser als morgen!   Es ist besser, wenn wir versuchen alles im Jetzt anzunehmen!
Nimm dich selbst nicht so wichtig und sei nicht so stolz!

6 ALLES HAT SEINE ZEIT

Ine sesti. Es ist heiß in Griechenland.

Die Grillen zirpen und reiben ihre Flügel aneinander. Coole Reggaemusik. Eine chillige Strandbar mit riesigen bunten Polstern im Sand. Palmenblättergedeckte Strandschirme und ein flaches wunderbares Meer, eine Handbreit entfernt. Die Musik hat eine sehr angenehme Lautstärke, sie lässt mich glauben, irgendwo in der Karibik zu sein und nicht in Griechenland. Hie und da kommt eine kühle Brise vom Meer her und macht das Relaxen hier im Schatten noch angenehmer. Schöne und fröhliche Menschen genießen ihre freie Zeit. Es ist ein herrlicher Sommertag, sehr heiß und sonnig. Der Himmel ist unendlich und kleine, fast winzige Wolken sind zu sehen. Es weht ein leises Lüftchen vom Meer her, das kleine Wellen auf dem Wasser bildet. Die Sonne spiegelt sich in den Wellen, als wären tausende glitzernde Sterne am Wasser. Es ist ein magischer Moment.

Ich beschließe eine Weile hier zu bleiben, einen kalten Nescafé Frappé mit Eis zu trinken, da diese Strandbar einfach bezaubernd ist. Ich beobachte die Situation und lehne mich bequem in meinem Liegestuhl zurück. Ich schließe meine Augen und nehme diesen Moment ganz in mir auf. All meine Gedanken sind auf einmal wie weggeblasen. Ich sitze nur da und lausche dieser angenehmen Musik. Ich bin vollkommen entspannt. So schön habe ich es hier noch nie empfunden. Ich stecke meine Füße in den warmen Sand. Nun fliege ich in Gedanken mit den vielen Glitzersternen auf dem Wasser dahin bis in den Himmel. Ich fühle mich wie ein großer weißer Vogel, spanne meine weiten Flügel und fliege über all die tausend Sterne in die Lüfte. Ein Gefühl von Zeitlosigkeit und Schwerelosigkeit breitet sich in mir aus. Ein wunderbarer Moment, ein besonderes Schauspiel, als majestätischer Vogel in der Luft zu fliegen. Ich fühle förmlich diese Schwerelosigkeit. War es das Gespräch mit meinem lieben Freund Dimitri, das diese Freude in mir ausgelöst hat, oder doch das ungezwungene lustige Fest in der letzte Nacht? Ich möchte, dass meine Träume Wirklichkeit werden und dass sie das Feuer, die Flammen tief in mir leiten, um mir den richtigen Weg zu zeigen.

„Öffne dein Herz und höre auf dein Herz!", hat Dimitri gesagt. Und genau das spüre ich nun, als ich mit der Musik über das Meer fliege. „Öffne deine Flügel und flieg!" Einfach Zeit haben, um zu schweben. Es ist herrlich, hier sein zu können. Einfach Zeit zu haben! Zeit, um alte, nicht mehr brauchbare Lebensumstände und unreflektierte Routine zu verändern. Ja, das ist nun meine Aufgabe.

Der Mönch Dimitri erzählte mir einmal, es sei eine Kunst sich ganz und gar in eine Tätigkeit hineinfallen zu lassen, ganz in ihr aufzugehen und die Zeit zu vergessen. Und genauso ist es jetzt. Ich will diesen Zustand niemals mehr beenden. Ganz in ihm aufgehen. Obwohl es keine Tätigkeit sei, wie Dimitri meinte, sei es einfach Zeit für mich selbst. Und doch kommt dann einfach der Moment, damit aufzuhören oder essen zu gehen oder Zeit zu schlafen. Zeit zu gehen, um das Ergebnis der Tätigkeit betrachten zu können und zufrieden zu sein. Viele denken, das sei tote Zeit und unproduktiv, aber genau das macht es aus:

seine eigene Arbeit anzuschauen und wertzuschätzen, auszuruhen und im jeweils eigenen Zeitrhythmus zu leben! Der Zeit nicht hinterherzujagen! Zeit zu haben! Aber gerade wenn da freie Zeit für einen selbst ist, hilft es, diese Zeit nicht gleich wieder anzufüllen mit Unternehmungen, Arbeit, seinen Interessen, Aktivitäten und Dingen! Einfach mal leer lassen! Nichts tun! Einfach einmal diese Leere, in der man sich aufhält, anschauen und annehmen.

Es ist eine Kunst, nichts zu tun, Aber mit ein wenig Übung gelingt es immer besser! Wer sich so wahrnimmt, kann plötzlich sehen, wo die eigenen Bedürfnisse liegen. Man kann auf sein Herz hören! Plötzlich spüren und erkennen wir, wie man die Lebenszeit gestalten möchte und wo man sich wohl fühlt. Es geht viel mehr um Inhalte als um Tempo! Wenn man dann etwas Neues in sich selbst erkannt hat, kann man sein Leben damit ausfüllen. Wer sich Zeit nimmt für sich, schafft vieles, ohne geschafft zu sein! Ich schaffe es gerade ganz auf die Zeit zu vergessen und bin bei mir selbst angekommen. Traumhaft schön, wie in einer anderen Welt. Ich spüre den Zauber, der in mein Herz hinein wirkt.

Alles ist Zeit! Alles braucht seine Zeit!

Sophias Blick ruht auf dem Meer und sie spürt die Freiheit und die eigene Kraft, Dinge in ihrem Leben zu verändern. Mit einem tiefen Atemzug nimmt sie die frische Meeresluft in sich auf. Sie will herausfinden, was sie eigentlich über sich selber weiß. Ohne sich selbst ins rechte Licht zu rücken, ohne etwas zu beschönigen. Sie möchte wissen, was sie eigentlich selber will. Was sind ihre Ziele? Einfach mal ehrlich sein mit sich selbst. Sich Zeit nehmen. Das ist genau das, was sie jetzt möchte. Sich die Zeit nehmen, die es braucht, ohne auf die Zeit zu achten. Nun gibt es keine Termine und Treffpunkte und sie muss sich auch nicht mit belastenden Diskussionen mit einem Partner auseinandersetzen. Wahrlich ein Ort der Ruhe und Harmonie. Sie fühlt die unendliche Weite unter ihren Flügeln, bevor der weiße Vogel wieder sanft landet. Sie erfährt ein Gefühl der Zeitlosigkeit und der Unendlichkeit – Raum und Zeit sind verschwunden.

Nach einer Weile ist Sophias Kaffee warm und ihr selbst so heiß, dass sie mit einem eleganten Kopfsprung ins kühle Nass springt. Welch eine Erfrischung! Lange taucht sie unter und kühlt ihren Kopf ab. Sportlich krault sie ins Meer hinaus, selbst hier kann sie noch die entspannende Musik hören. Sie legt sich aufs Wasser und lässt sich treiben, erfüllt von der neuen Zeitlosigkeit. Sophia fällt es inzwischen leicht, sich treiben zu lassen und an nichts zu denken. In diesem Zustand könnte sie noch stundenlang verharren. Wenn sie in sich ruht, kann sie ihre Energiereserven auffüllen. Einfach hinausschauen aufs Meer. Einfach nichts sagen oder denken. Schweigen schenkt Energie.

Schweigen hat in vielen Religionen eine große Bedeutung. Sophia erinnert sich, dass auf der Insel Bali zum Beispiel der Neujahrstag Nyepi zelebriert wird. An diesem Tag versinkt ganz Bali in absolute Stille. Es ist der Tag des Schweigens und man verbringt ihn in Meditation.

Übung 6 – sich Zeit nehmen

Wofür nimmst du dir Zeit?

Wo vergisst du die Zeit, während du ganz in deiner Tätigkeit aufgehst?

Finde zumindest drei Dinge, die du liebst zu tun und wo Zeit keine Rolle spielt.

7 ENTSCHLEUNIGUNG

Ein Lächeln kostet keine Zeit, aber es zahlt sich aus.

Oft ist es nicht die fehlende Zeit, die uns zu Fall bringt, sondern das Tempo, das wir an den Tag legen. Menschen haben eine Leidenschaft für Hochgeschwindigkeit und Mehrfachaktivitäten. Dieses Spiel gewinnen zwar nur die Schnellsten, aber Unruhe und Nervosität bis hin zum Burn-out sind das Ergebnis. „Entschleunigung" heißt das Zauberwort. Also auf überflüssiges Tempo verzichten und allen Dingen die jeweils angemessene Geschwindigkeit geben. „Gut Ding braucht Weile." Wer behauptet, er habe keine Zeit, hat in Wirklichkeit keine Zeit für sich.

Langsamkeit ist verpönt in unserer Gesellschaft. Zeit zu vertrödeln hat den Beigeschmack herumzusitzen, statt etwas zu schaffen. Menschen, die sich nicht hetzen, sind suspekt. Wer das Tempo nicht mithält, erhält durch die anderen der Gruppe das Gefühl, nicht dazuzugehören und unproduktiv zu sein. Obwohl genau das Umgekehrte der Fall ist. Gerade aus der Ruhe heraus entsteht so viel Neues, kann so viel wachsen und erblühen. Achtsamkeit und Besinnlichkeit bringen Sinn. Gegen den Strom zu schwimmen ist eigentlich ganz leicht. Wenn wir unserem eigenen Rhythmus folgen, das Tempo verringern und das Abschalten unserer Gedanken schaffen, ist das ein guter Beginn.

Sophia ist nun schon einige Zeit auf Kreta. Erst heute fallen alle Belastungen gänzlich von ihr ab. Nach Anreise, Eingewöhnungsphase und den vielen neuen Eindrücken auf dieser Insel im Mittelmeer ist es Sophia gelungen, bei sich selbst anzukommen. Schauen und träumen und den einen oder anderen Tag einfach genießen. Sophia ist in einem schönen Lokal nahe am Meer mit angenehmer leiser Musik zum Entspannen. Sie hat hier alles, was sie braucht, und genießt eine lange Zeit des Nachdenkens und der Stille. Auf dem Weg zu ihrer Unterkunft trifft sie alte Freunde.

„Komm doch mit, mit dir ist es immer so lustig! Du fehlst, wenn du nicht dabei bist!", rufen sie. Sophia lächelt geschmeichelt, sagt aber nichts, denn sie will ihre neu gewonnene Energie nicht verausgaben, sondern bei sich belassen. Sie möchte weiterhin bei sich selbst bleiben und im Moment nicht für andere da sein. Und so antwortet sie sehr freundlich, aber bestimmt mit einem herzlichen Lächeln:

„Das ist sehr lieb von euch, aber heute brauche ich etwas Ruhe für mich! Heute bleibe ich beim Nein. Ein anderes Mal gerne wieder!"

Sophia bleibt ihrem Weg treu, allein sein zu wollen und in ihrer Meditation, in ihren Gedanken und ihrer Ruhe. Die Freunde sind lieb und verständnisvoll und wollen in ihrer guten Stimmung Sophia noch weiter überreden, aber sie winkt lächelnd ab und geht weiter ihres Weges. *Nicht ständig alle Aktivitäten an sich zu ziehen, ermöglicht erst ein Loslassen,* denkt Sophia.

Den Satz „Ich habe keine Zeit" gibt es ab sofort nicht mehr im Sprachschatz von Sophia. Sie ersetzt ihn durch: „Ja, ich habe Zeit, weil es mir wichtig ist, weil du mir wichtig bist. Nur im Moment geht es nicht!" Sophia ist sehr stolz darauf, ihr Leben neu auf die Beine zu stellen. Sie stellt sich vor, das Wort „Zeit" durch „Leben" zu ersetzen, da wird ihr einiges klarer. *Ein Leben haben für sich selbst.* Jetzt möchte sie darauf achten, dass diese Zeit – das Leben für sich selbst – nicht gleich wieder mit Aktivitäten angefüllt wird, sondern mit Ruhe, Erholungsphasen und Müßiggang. Mit dem „Zeithaben für sich selbst" will sie klein beginnen, mit wenigen Stunden, und langsam steigern. Sie möchte mit Beschäftigungen, die man nur in Ruhe machen kann, beginnen. Diese führen zu einer ruhigeren Grundstimmung, wie zum Beispiel das Musizieren und Singen. Wer keine Zeit hat, braucht dringend Zeit für sich. Wer kein Leben hat, braucht dringend ein Leben für sich.

Sophia fällt es nun leicht sich treiben zu lassen, die Gedanken ziehen zu lassen und durch die Straßen zu spazieren. Einmal sitzt sie in der Sonne und blickt verträumt auf das Spiel der Wellen des Meeres. Ein anderes Mal lässt sie sich selbst auf dem Wasser treiben oder liegt im heißen Sand und blickt zum Himmel. Mit ein wenig Übung kann sie immer leichter in die Muße kommen. Dann zieht sie sich an einen stimmungsvollen, behaglichen, ruhigen Ort zurück, nimmt sich Zettel und Bleistift zur Hand und schreibt auf, was sie wirklich glücklich macht in der letzten Zeit und im Leben. Je öfter sie das probiert, umso leichter und genauer sieht sie in vielen Situationen überall die Geschenke des Lebens und die Tausenden Glücksmomente. Plötzlich erkennt sie Dinge, an denen sie vorher einfach vorbeigelaufen ist. Sie hat sie als selbstverständlich angesehen. Diese Reflexion gleicht fast einer Meditation und hat nichts mit Langeweile zu tun. Ganz im Gegenteil, wenn sie es schafft, auf die Zeit zu vergessen, ist sie bei sich selber angekommen.

Genieße dein kostbares Leben, denn es ist später, als du denkst. Dieser Satz geht ihr nicht mehr aus dem Kopf. Sophia denkt lange darüber nach, dass der Mensch nicht weiß, wie lange sein Leben währt und wie lange Gott ihn das Leben genießen lässt. *Daher sollten wir den jetzigen Augenblick auskosten, den uns Gott geschenkt hat. Die erfreuliche Lebensspanne,* denkt Sophia, *die uns zur Verfügung steht, erhält dann ihren besonderen Wert.* Das Leben will gelebt werden, ohne Wenn und Aber. Dann wird es ein Leben in erstaunlicher Fülle sein.

Übung 7 – Zeit für sich selbst

Sophia erlebt wieder einmal das Blau, das Licht und die Wärme Griechenlands, wenn sie am Strand liegt oder im Meer badet. Sie hat Zeit für sich! Den ganzen Tag kann sie tun und lassen, was sie will.

Wann nimmst du dir Zeit für dich? Zum Beispiel für diese Gedanken?

Was trifft auf dich zu und was nicht? Was wäre für dich noch wichtig?

Auf niemanden Rücksicht zu nehmen
Niemanden fragen zu können
Niemandem zuzuhören, außer sich selbst
Sich mit den griechischen Göttern zu verbinden
Zu sitzen und zu schauen
Auf niemanden zu warten
Neue Leute kennenzulernen
Von niemandem angetrieben oder gestresst zu werden
Keine Launen aushalten zu müssen, außer die eigenen
Es ist Zeit für sich selbst

Zu schweigen und nach innen zu hören und sich mit sich selbst zu verbinden
Ein Sonnenbad zu nehmen und zu schwimmen und mit dem herrlich blauen, salzigen Meer verbunden zu sein
Musik zu hören oder auch nur dem Rauschen des Meeres oder dem Zirpen der Grillen zuzuhören
Gedanken ungestört mit dem Wind ziehen zu lassen oder Gedanken ungestört zu Ende zu denken
Still zu werden und den eigenen Computer – „des Funktionieren-Müssens" – herunterzufahren
Zeit zum Nachdenken zu haben
Zeit zum Wahrnehmen der eigenen Lebenssituation
Zeit zum Reflektieren
Zeit für sich und die eigene Pflege
Zeit zum Zuhören

8 DER LEUCHTTURM

Am Abend erinnert sich Sophia an ihren Spaziergang vor zwei Tagen, als sie lange am Strand entlangschlenderte und den unbekannten Leuchtturm sah. Sie borgt sich von ihrem Vermieter ein Motorrad aus und will in der warmen untergehenden Sonne einen kleinen Ausflug machen. Eine sandige Schotterstraße führt entlang der Küste auf die lange Halbinsel. Diesen Weg fuhr Sophia noch nie, und sie sah auch den Leuchtturm noch nie so nahe. Sie ist sehr aufgeregt, was sie erwarten wird. Im Moment verdecken Bäume und Sträucher die Sicht auf das Ende der Halbinsel.

Sophia muss sich auf die staubige Straße konzentrieren, um mit dem Motorrad nicht zu stürzen. Ihre Haare fliegen im heftigen Wind und sie spürt die warme Luft auf ihrer Haut. Immer wieder bleibt sie stehen und erfreut sich an den atemberaubenden Ausblicken auf das bezaubernde Meer. Erst nach einer halben Stunde gemütlicher Fahrt erreicht sie endlich den letzten Zipfel der Insel. Die Straße endet und sie muss das Motorrad abstellen, um das letzte Stückchen zum Leuchtturm zu gehen. Denn nun führt nur noch ein Eselpfad weiter, um noch näher in Richtung Leuchtturm zu kommen, der nun vor ihr stolz in seiner wahren Größe steht. Wie viele Jahre trotzt er schon Wind und Wetter und allen Temperaturen im Sommer und im Winter? Unglaublich beeindruckend!

Als sie ihn eine Weile betrachtet, bewundert sie diesen alten und etwas magischen Turm. Er ist rot-weiß und neu gestrichen. Er ist zwar alt, sieht aber noch sehr gut erhalten aus und eigentlich voll in Schuss. Es scheint fast so, als ob er sogar noch in Betrieb wäre. Das weiß sie jedoch nicht, sie kann es nicht genau feststellen, denn die Türen sind verschlossen.

Sophia will den Sonnenuntergang hier genießen und so setzt sie sich in einiger Entfernung auf den Felsen, auf dem auch der Leuchtturm steht. Es ist eine von der Sonne besonders beleuchtete Stelle und die Unendlichkeit und Weite des Meeres liegen vor ihr. Sophia ist überwältigt von diesem Eindruck und Anblick in diesem Augenblick. Das Glück beginnt in ihr zu hüpfen und sie lächelt über das ganze Gesicht. Sie ist erfüllt von Freude. Wie schön es hier ist! So bezaubernd und total menschenleer.

Sie beginnt die Augen zu schließen, um zu beten, zu träumen und zu meditieren. Sie bedankt sich für all die guten Erlebnisse in ihrem Leben und dafür, dass sie hier sein kann. Sie lächelt und denkt, es komme auf die eigene Haltung an und auf die Offenheit, um für Erfahrungen bereit zu sein und auch auf den Mut zu haben, sich auf Neues einzulassen.

Plötzlich hört sie hinter sich ein Geräusch und wird aus ihrer Ruhe gerissen. Ein kleiner süßer Hund hüpft über die Steine und hat dabei so seine Schwierigkeiten. *Woher kommt dieser Kleine so plötzlich? Ist es ein wilder Hund? Oder gehört er jemandem?*, denkt Sophia. Er sieht gepflegt aus, was hier in Griechenland nicht so selbstverständlich ist. Er ist sichtlich wohlgenährt, sehr zutraulich und ohne eine Vielzahl an Zecken auf seinem Kopf!

Er begrüßt Sophia aufgeregt mit Schwanzwedeln und lässt sich streicheln. Sie beginnt mit ihm zu reden. Nach der freundlichen Begrüßung legt er sich neben Sophia auf einen flacheren Stein und hechelt in der Sonne.

Sophia sieht sich um, aber hier ist weit und breit niemand zu sehen. Als sie vor sich hinblickt, sieht sie doch jemanden. Auf einem trockenen Grashalm vor ihr krabbelt ein kleiner Marienkäfer. Hat ihn der heutige starke Wind hierher geblasen, an diesen kargen Ort ohne viel Vegetation? Ein einziger Olivenbaum steht einsam und allein ganz schief und vom Wind gebeutelt am Rande des Felsens. Seine Wurzeln suchen nach Wasser und krallen sich fest um die Steine. Sophia beobachtet den kleinen Freund, wie er immer wieder hinauf- und hinunterkrabbelt. Der Käfer ist bezaubernd und schaut immer wieder hoch, als wollte er etwas sagen. Es ist magisch! Warum ist er hier? Und der kleine Hund? Beide fühlen sich in Sophias Nähe wohl! Was hat das zu bedeuten? Der Ladybird breitet immer wieder seine Flügel aus, als ob er wegfliegen wollte, entscheidet sich aber dann doch jedes Mal hier zu bleiben und klappt die Flügel wieder ein.

Sie beobachtet diese zwei entzückenden Tiere in ihrer Nähe, als wäre die Zeit stehen geblieben. Es ist so eine friedliche und gleichzeitig fröhliche Stimmung. Das aufgewühlte Meer mit vielen großen, weißen Wellen, die untergehende Sonne und sonst nichts. Innezuhalten heißt, die Zeit anzuhalten und zu stoppen. Einfach mal die Stopptaste zu drücken und ganz da zu sein.

Für Sophia war es ein schwerer Weg. Nach der Scheidung fiel sie in ein tiefes Loch. Ihre Tage schienen wie in einer anderen

Welt zu sein. In dieser war sie nur Statistin. Alles funktionierte automatisch. Ein Tag nach dem anderen verging. Am Tag erfüllte sie ihre gewohnten Aufgaben und Tätigkeiten und am Abend holte sie ihr Leid wieder ein. Einige Wochen, vielleicht sogar Monate, spielte sie dieses verhängnisvolle Spiel. Doch irgendwann erkannte Sophia, dass sie sich nur selbst aus diesem tiefen Brunnen der Traurigkeit ziehen konnte und etwas ändern musste. Von da an wollte sie sich nicht mehr jeden Abend in ihrem Selbstmitleid suhlen, sondern herauskommen aus ihrem Schneckenhaus und die Welt da draußen aus einer anderen Perspektive sehen. Sie wollte trotz des Alleinseins wieder Liebe, Freude und Glück spüren.

Nun sammelt sie ihre Gedanken und reinigt sie von negativen Störeinflüssen im eigenen Geist. Sie stoppt die Gedankenflut durch bewusstes Atmen und Achtsamkeit und denkt an die Dankbarkeit. An alles, was sie schon an schönen Dingen und Geschenken in ihrem Leben erhalten hat. Im Nu wandelt sich ihre Gemütslage ins Positive. Gerade in diesen Augenblicken im Hier und Jetzt findet sie dann die Ursprünglichkeit wieder, die Freude, am Leben zu sein!

Sei jetzt glücklich und freue dich über alles, was du schon an Gutem erhalten hast und in Zukunft noch kommen wird. Denke keinen Gedanken weiter an das Alleinsein. Denn das im Inneren empfundene Glück ist der Kraftstoff, den es braucht, um herauszukommen aus der Einsamkeit. Wenn man stets danach strebt, sich über etwas zu freuen, dann braucht man nichts weiter zu tun, als sich auf seine Wünsche zu besinnen und Freude zu bereiten. Die Freude im Herzen und in den Gedanken lässt uns Flügel wachsen, und wie mit magischer Leichtigkeit können wir uns aus der Einsamkeit erheben. Frei zu sein, zu fliegen und den Zugang zu anderen zu finden in einer zauberhaften Stimmung. Oder die Einsamkeit genießen zu lernen in dieser oft so lauten, von vielen Menschen bevölkerten Welt. Dies könnte gelingen, indem wir diese starke neue Energie in uns, diese neue Quelle erschließen und entdecken. Sie schafft Raum und Gelassenheit und ermöglicht ein Hinhören auf die Feinheiten in uns Menschen. Durch Dankbarkeit, Freude und das Gefühl des inneren Glücks können wir mit unserem Lächeln die eigene Quelle bald sprudeln und überfließen lassen.

Wenn wir dieser besonderen Freude folgen, wird das Universum Tür und Tor öffnen, wo bisher nur Mauern waren, nur damit wir fliegen und neue Welten in unserem Innen und im Außen beschauen können. Mauern, die vorher noch undurchdringlich schienen, werden nun zu seidenen Vorhängen, die leicht zu durchschreiten sind. Genießen wir das Leben, denn das Leben ist in jedem magischen Moment phänomenal! Grenzenloses Potenzial, grenzenlose Möglichkeiten!

Der kleine Hund ist eingeschlafen und auch der süße Marienkäfer bewegt sich nicht, als Sophia aus ihren Gedanken erwacht und die Sonne beinahe schon im Meer versinkt. Der große rote Ball spielt gerade mit dem Horizont. Da spürt Sophia, dass sie jemand beobachtet und sie dreht sich plötzlich und unvermittelt um.

Tatsächlich, da steht jemand in der Nähe des Leuchtturmes und starrt in ihre Richtung. Sie kann das Gesicht des Mannes nicht genau erkennen, er trägt eine schicke Brille und ist viel zu weit weg! Irgendwo hat sie ihn schon mal gesehen. Sie weiß jedoch nicht, wo! Seine Haut ist braun gebrannt und er trägt eine kurze blaue Hose sowie ein offenes weißes Hemd! Er hat eine gute Figur und ein attraktives Auftreten!

Woher kennt sie diesen Mann nur? Es will ihr nicht einfallen! Und woher kommt er so plötzlich? Ein kurzer Pfiff reißt sie aus all ihren Überlegungen. Der kleine Hund springt sofort auf, beutelt sich und läuft, so schnell er kann, über die großen Felsen Richtung Leuchtturm! Einen Augenblick später ist der Mann verschwunden. Also gehört der süße Hund ihm? Bald kann sie auch den kleinen Mischling nicht mehr sehen. Sophia weiß nicht, wo sie sind. Als sie sich zum Marienkäfer wenden will, ist dieser auch nicht mehr da. Die Sonne geht inzwischen unter und versinkt langsam im dunklen Meer. Nur noch einige Augenblicke ist sie da.

Innehalten, den Moment genießen und die Schönheit entdecken, die genau in diesem speziellen Moment steckt. Ganz bewusst dieses Augenzwinkern, diesen Zauber des Lebens auskosten. Still werden – den Augenblick intensiv leben – da sein! Sein Dasein spüren und erkennen. – Ich bin da!

Auch in Zukunft will Sophia alle Momente annehmen, wie sie kommen. Das beschließt sie jetzt. Sie will nicht mehr durch ihr Leben hasten und all die köstlichen Augenblicke versäumen.

Nun ist es aber an der Zeit ihren Heimweg anzutreten, denn sie möchte diese Strecke noch bei Tageslicht fahren. Sie spaziert zurück zu ihrem Motorrad und verabschiedet sich von hier, aber sie weiß, sie wird bestimmt wieder an diesen magischen Ort zurückkommen.

Übung 8 – innehalten – Inventur

Braucht es wirklich einen Einschnitt in unsere Gesundheit, einen Unfall, einen Schicksalsschlag oder eine schwere Krankheit, um sich selbst Zeit zu geben und zu nehmen? Schaffen wir es nicht auch so, uns einmal Zeit zu nehmen, um über unser Leben nachzudenken, es neu zu überdenken oder es neu zu strukturieren? Im Berufsleben ist es ganz normal eine Inventur zu machen, um zu sehen, wie die Dinge stehen. Ist es nicht auch in unserem Leben so, dass wir einmal jährlich eine Inventur machen sollten? Da wäre es vielleicht noch wichtiger zu wissen, wie die Dinge stehen. Was habe ich schon alles erreicht? Was sind noch meine Wünsche? Wohin soll mein Weg gehen? Was sind meine Ziele? Was möchte ich noch verwirklichen? Da ist es doch gut, sich ein paar Mal im Jahr einfach eine Auszeit, ein Alleinsein zu gönnen und hinzuschauen, was gut läuft und was weniger gut läuft, um festzustellen, was nicht mehr in unser Leben passt und wovon wir uns trennen wollen. Wie alte Gewohnheiten, die schon lange nicht mehr notwendig sind und die wir nur aus Bequemlichkeit noch weiterlaufen lassen. Einfach eine Inventur im Innen wie im Außen. Die Stopptaste drücken und Kassasturz machen.

Das geht nur, wenn man alleine und ungestört ist. Wir brauchen Ruhe für uns selbst, um auf unsere eigene Seele hören zu können. Sie spricht immer nur sehr leise. Es ist wichtig das Laute der Welt auszusperren, um ganz für sich sein zu können. Um nachzudenken und auf Dinge draufzukommen.

Innehalten heißt, die schnelle Zeit anzuhalten! Ganz laut HALT zu rufen!

Es ist anfänglich nicht leicht, aber es wird immer angenehmer und selbstverständlicher, Zeit mit sich selbst zu verbringen. Wenn wir das Innehalten einmal gelernt haben, beeinflusst uns das Durcheinander im Außen nicht mehr so stark. So geht es viel leichter, dem Leben einen neuen Sinn zu geben und wieder seine Energiereserven aufzufüllen!

Überlege dir einen Tag, an dem du ganz für dich alleine sein kannst. Niemand sollte dich an diesem Tag mit seiner Meinung beeinflussen können.

Es muss nicht unbedingt der Ausflug auf einen einsamen Berg sein, obwohl das bestimmt für viele passen würde. Es kann auch das Café mitten in einer belebten Stadt sein, durch die ich mich einen Tag lang treiben lasse und wo ich mir Gutes gönne.

Mein geschenkter Tag für meine Inventur und mein Innehalten, meinen Lebensstopp!

9 KONSTANTIN

Es mag nicht immer leicht gewesen sein in seinem Leben und manchmal fehlte ihm vielleicht die Kraft, etwas zu ändern oder etwas zu verbessern. Er wollte seine Empfindlichkeiten nicht wahrnehmen und schon gar nicht annehmen, aber das holt ihn nun ein und er fühlt sich sehr berührt und verletzt. Er will es aus eigener Kraft schaffen und sich selbst heilen. Er möchte diese wohlwollende Person sein und lernen, sich selbst ein guter Freund zu sein. Die Zeit hier in Griechenland will er nützen, um nachzudenken und in seinem Leben eine Richtungsänderung vorzunehmen. Er möchte seine wunden Punkte wahrnehmen und mit Verständnis und Liebe behandeln. Bald wird er sich leichter und freier fühlen.

Konstantin ist Österreicher, lebt normalerweise in Linz und gilt als bekannter Agent in der Werbebranche. Er ist Werbefachmann und leitet Projekte für verschiedene große Firmen. Seine Wurzeln stammen jedoch aus Griechenland. Seine Oma Maria war auf Kreta geboren, seine Eltern leben aber schon lange in Österreich. Sie wanderten vor vielen Jahren aus. Die Wurzeln blieben jedoch bestehen, und so verbringt er seit letztem Jahr die Sommer auf Kreta, um seinen Onkel Jannis bei der Betreuung des Leuchtturms zu unterstützen. Onkel Jannis hat viel zu tun, denn er bestreitet auch noch ein Restaurant. Er ist glücklich, dass Konstantin ihn von Juni bis September unterstützt und ihm hilft! Seine Arbeit bewältigt Konstantin mit Videokonferenzen und Online-Präsentationen. Mit seinen zwei Mitarbeitern in Linz arbeitet er sehr gut zusammen. So ist es ihm möglich vier Monate in

Griechenland zu bleiben. Das ist ihm auch sehr recht, da sein Gefühl der unerfüllten Liebe ihn hier nicht so verzweifeln lässt. Der Mann Ende vierzig ist nicht verheiratet und hat auch keine Kinder.

Seine Ideen sind genial und Jannis und seine Nichten lieben seine Einfälle und unterstützen Konstantin in den Sommermonaten mit der Umsetzung, um den Leuchtturm weiterhin aktiv zu halten und ihn immer wieder aufs Neue zu verschönern.

Konstantin findet Rückzug aus seinem alten Leben im Leuchtturm. Durch die Abhängigkeit stets mit einem anderen Menschen zusammen zu sein, lässt ihn seiner Einsamkeit in seinem Inneren nicht entkommen Seine Beziehungen gaben ihm immer nur kurz das Gefühl von Geborgenheit und Halt. Sein Anker konnten die Frauen nicht sein. Er hat das Glück bei und mit ihnen nie gefunden ... Er gab und nahm die Liebe in der Hoffnung auf Erlösung aus seiner Leere. Er hatte viele hübsche Liebschaften. Meist kurze Beziehungen oder auch nur Abende mit viel Alkohol. Doch immer wieder schlug es ihn noch härter zurück. Je mehr er das Alleinsein ertragen musste, umso mehr wollte er ihm entkommen. Eine Zeit lang hatte er jeden Tag eine andere Frau im Bett und wollte so sein Gefühl nach Nähe stillen, aber das machte ihn nur unglücklicher. Manchmal saß er auf der Couch und hätte alles tun können, aber er tat gar nichts. Dieses Gefühl von Leere hatte Konstantin sehr oft und er konnte es nicht mehr ertragen. Alkohol wurde immer mehr zu seinem Problem. Er hatte stets viel Trubel im Freundeskreis, denn er war ein gern gesehener Gast bei allen Festen und Partys.

„Stirb einsam oder ändere dich!"

Diese Bemerkung eines Freundes, mit dem er sich zufällig auf einer seiner vielen Partys unterhielt, kam genau zum richtigen Zeitpunkt. Mit dieser Information begann er sich von Dingen zu verabschieden, die er nicht mehr wollte. Das gab ihm Raum zu entdecken, was er sich wünschte. So konnte er sich selbst Raum und Zeit geben und sie nicht wieder mit Aktivitäten füllen. Er zog sich immer mehr zurück. Irgendwann bemerkte er dann, dass niemand mehr da war. Er war alleine angekommen und einsam. Am Tiefpunkt erkannte Konstantin, dass er sich völlig verlieren würde, wenn er so weitermachte. Er wollte mit seinen 48 Jahren in kein Burn-out stolpern und entschied sich hierherzufahren, zu seinem Onkel Jannis auf die Insel Kreta nach Griechenland. Er beschloss im Einklang mit sich selbst zu leben und auf magische Weise tauchte seine innere Kraft nach wenigen Wochen wieder auf. Dann stellten sich Antworten auf seine Fragen ein. Er musste sich lediglich Zeit dafür geben. Die größte Veränderung im Leben bedeutete für ihn, die eigene innere Haltung zu ändern.

Alles, was wir im Außen verändern, bedarf einer Umstellung und einer neuen Gewöhnung, aber nach kurzer Zeit sind wir in einer neuen Routine und alles funktioniert wieder leicht.

An der eigenen inneren Haltung etwas zu verändern ist schon weitaus schwieriger. Konstantin war früher immer auf seine Stärken fokussiert, seine Schwachpunkte ignorierte er gekonnt. Nun will er auf seine Offenheit und Verletzlichkeit setzen und auch auf seinen Mut, sich neuen Erfahrungen zu stellen. Er visualisiert bewusst seine Schwächen, jedoch mit positivem Ausgang. Er kehrt die alte Leier der bekannten

Muster um, anstatt sie immer und immer wieder gleich abzuspielen. Er konzentriert sich auf die universellen Kräfte und die Fülle im Leben.

Konstantin stärkt seine neue Haltung mit neuen positiven Mustern und Abläufen. Er macht sie zu seiner täglichen Routine. Diese einfache Technik, auf die kosmischen Kräfte des Universums zurückzugreifen, steht ihm auch durch das Gebet und die Meditation zur Verfügung. Manchmal fährt er in die Stadt und trinkt mit Freunden ein Gläschen Wein. Die Freunde holen ihn für ein paar Stunden aus der Einsamkeitsfalle heraus. Bei einer Freundin findet er Verständnis und Rat und er vertraut ihr seine Sorgen und Ängste an.

Doch immer wieder braucht er den Rückzug in seinen Turm. Der atemberaubende Blick auf das Meer, die Unendlichkeit, die Ruhe auf diesem hohen Leuchtturm beeindruckt Konstantin. Er verbringt gerne seine Zeit hier draußen, denn hier kann er über sein Leben nachdenken und seine Erkenntnisse durchdenken. Nur selten verirrt sich ein Tourist hierher. Das Licht an diesem besonderen Platz, die Stürme und die Finsternis, die Felsen und die hohen Wellen, das Fischen und das Sonnen, hier spürt er sich selbst wieder als Teil des Ganzen und nicht mehr verloren und einsam in der Welt.

Sein Onkel ist stolz auf den österreichischen Neffen und dankbar für seine Hilfe über die Sommermonate. Er liebt ihn wegen seiner wertschätzenden Art. Er besucht ihn öfter, plaudert gerne mit ihm und lässt ihn nicht aus den Augen. Gegenseitig sind sie sich eine wertvolle Stütze.

Wenn Konstantin manchmal nach einem Besuch in der Stadt bei Dunkelheit die sandige Straße auf die Halbinsel hinausfährt, spürt er das bedrückende Gefühl, ganz allein durch diese Welt gehen zu müssen.

„Ich kann nicht alleine sein!", schreit er dann wütend in die Nacht und ertränkt seinen Schmerz in ein oder zwei Flaschen Retsina. Diese Einsamkeit macht ihm schon sehr zu schaffen, er hasst sie in diesen Momenten. Zu viel Druck lastet auf seinen Schultern. Er träumt davon, aus diesem alten Leben zu fliehen in ein neues, leichtes oder sich retten zu lassen. Trotzdem ist es besser, hier zu sein, als in seinem Büro und in seiner Wohnung in Österreich. In solchen Momenten verhält er sich wie sein Computer. Er fährt sein ganzes System herunter und startet es am nächsten Morgen neu! Das Herunterfahren des Computers hat einen riesigen Effekt, den man nicht unterschätzen sollte. Elektronische Geräte einfach mal vom Strom zu nehmen und neu aufzusetzen, lässt alles wieder besser funktionieren. Diese Methode wirkt genauso gut bei Menschen, weiß Konstantin. Das Denken einfach abschalten – nicht denken, eine Nacht lang darüber schlafen und erst am nächsten Tag wieder neu zu denken beginnen.

Dafür musste er allerdings lange üben. Einfach war das nicht. Eine griechische Freundin brachte ihm die Übungen bei und trainierte anfänglich mit ihm gemeinsam. Er versuchte nur auf seine Atmung zu achten und den Gedanken keine Beachtung zu schenken. Er selbst wollte der Chef seiner Gedanken werden und nicht umgekehrt.

Nun kann er sich entspannen, ohne dass das Gedankenkarussell sich immer neu zu drehen beginnt.

Übung 9 – Atemübung 2

Atem ist Leben!

Wie geht es dir, lieber Leserin, lieber Leser, mit deiner Atmung?

Hast du die Atemübung immer wieder probiert? Dann machen wir jetzt gemeinsam weiter!

Zuerst haben wir beim Atmen alle Gedanken fließen lassen, haben sie nicht mehr festgehalten. Die Konzentration lag nur auf der Atmung – ohne etwas zu tun.

Nun braucht es ein schönes, ruhiges Bild aus der Natur, das du liebst und festhalten kannst. Ich stelle mir sehr gerne ein Sonnenblumenfeld vor, das mich dann aus tausend fröhlichen Gesichtern anlächelt. Aber es kann auch ein schöner Ausblick auf das Meer oder die Berge sein oder ein ruhiges Plätzchen mitten im Wald an einem Bach.

Versuche nun beim Einatmen und Ausatmen nur an dieses Bild zu denken und es nicht von anderen Gedanken vertreiben zu lassen. Am Anfang wird es vielleicht nur sehr kurz gelingen, das ist völlig in Ordnung. Mit der Zeit verlängert sich diese Phase, da du geübter wirst. Es ist umso entspannender, je länger du das Bild halten kannst.

Der positive Effekt ist, dass wir dadurch unser System herunterfahren und durch die Kraft des Sauerstoffes in unserem Körper wieder erfrischt und erneuert beginnen können.

10 EINSAMKEIT

Als Sophia an diesem Abend zu Hause ankommt, denkt sie noch lange an den wunderschönen Sonnenuntergang beim Leuchtturm, an diesen Mann in der Ferne, der so plötzlich verschwunden ist, und an die Zeichen rund um sie. Wer ist er? Warum ist er ihr so vertraut? Sie kann es einfach nicht verstehen.

Und dann auch noch der Marienkäfer! Immer taucht er zu einem besonderen Zeitpunkt auf. Nach einem Gläschen Retsina auf ihrer Terrasse geht sie zufrieden und müde schlafen.

Am nächsten Morgen vor dem Erwachen hat sie einen Traum. Es taucht ein Bild vor ihren Augen auf, zuerst noch sehr verschwommen, dann immer klarer. Sie sieht einen Fischer am Meer im Sonnenschein sitzen. Er ist in Gedanken versunken, total auf seine Tätigkeit konzentriert und allein. Sophia sieht ihn nur von hinten, aber die Umrisse des Mannes gefallen ihr. Die Muskeln an seinem Oberkörper, sein Nacken und die langen, wehenden Haare.

Als sie erwacht, weiß sie, dass sie diese Bilder schon einmal gesehen hat, kann sie aber nicht mehr aus ihrem Gedächtnis herholen. Es fällt ihr der Leuchtturm wieder ein, der Mann ist doch so ähnlich. Was hat das zu bedeuten?

Auf jeden Fall möchte sie wieder zum Leuchtturm zurückkehren während der Zeit hier auf Kreta. Heute ist allerdings die Erkundung der näheren Umgebung am

Programm. Sonne, Baden und Meditieren an einem berauschenden Ort. Diesen Ort will sie suchen. Gleich nach dem Aufstehen fährt sie mit ihrem Motorrad nach Georgiopoulos und entdeckt den längsten Sandstrand, den sie je gesehen hat. Immer wieder laden kleine Strandbars zum Verweilen ein und dazwischen ist kilometerlang nur Sand. Bei Michaelis Bar stoppt Sophia und gönnt sich ein kleines Frühstück am Meer unter Palmen, bei guter, chilliger Musik. Die warme Luft ist perfekt, um unter den Strohschirmen Platz zu nehmen. Michaelis ist bester Laune und singt auf Griechisch zu der Musik aus seinen Boxen.

Fröhlich fragt er Sophia nach ihrem Befinden und sie tauschen sich mit ein paar Worten Griechisch aus. Viel kann Sophia nicht sprechen, aber für das Alltägliche reicht ihr Griechisch. Mit einem tiefen Atemzug inhaliert sie all ihre Freude über diesen wunderschönen Tag in sich ein und ist glücklich, so einen herrlichen Platz gefunden zu haben, um ein wenig zu verweilen. Der Blick hinaus auf das heute ganz ruhige Meer ist berauschend. Was braucht sie mehr zum Glücklichsein? Es ist keine einzige Wolke am Himmel zu sehen, nur ein strahlendes Blau. Wo sich das Meer mit dem Himmel trifft, dort ist nicht der Horizont, sondern die Unendlichkeit. In Gedanken ist Sophia nun genau dort und spürt diese Unendlichkeit des Seins.

Es ist so wichtig, einmal fortzugehen und den Kopf frei zu bekommen. In der heutigen Zeit ist es für viele schwer geworden diese Momente der Ruhe zu finden. Es besteht zu viel Ablenkung und Rastlosigkeit, sodass man vor Müdigkeit erschöpft ist oder seiner Seele einfach keine Zeit schenkt. Die

Zeitspanne der Ruhe bestimmt jeder selbst. Wenn man hin und wieder sein Alleinsein braucht und es sich nimmt, wo es einem nicht gewährt wird, muss man dafür kämpfen und es manchmal auch hinnehmen für einen Außenseiter gehalten zu werden. Durch Meditation kann der Mensch einen Zustand der Ruhe erreichen, wo das innerste Selbst in Stille angehört wird. Egal wie lärmend und laut es um ihn herum ist. Bei der Einsamkeit kommt es vor allem auf unsere Haltung an. Sie entscheidet, ob uns die Einsamkeit belastet, hemmt und lähmt, oder ob sie uns eine Kraftquelle wird und uns beflügelt.

Das Frühstück wird gebracht und reißt Sophia aus ihren Gedanken. Michaelis schenkt ihr das schönste Lächeln, das er anzubieten hat. Er meint: „Dein Körper ist dein Freund! Du schenkst ihm Gehör, das ist schön! Ich sehe das, denn du bist ganz versunken in deinen Gedanken! Jetzt brauchst du aber einmal eine Stärkung. Auch das ist wichtig!" Da lacht er und stellte alle Köstlichkeiten auf ihren Tisch! „Extra für dich, ein großer frisch gepresster Orangensaft mit der Sonne Griechenlands gratis dazu, frische Wassermelone und ein Joghurt mit Honig und Nüssen! Der Kaffee kommt gleich!" Dann geht er zurück zu seiner Bar im Freien.

Der Duft Griechenlands ist einfach herzerwärmend. Wieder atmet Sophia tief ein, sie ist einfach glücklich. Sofort beginnt sie an allem zu kosten und genießt ihr Glück. Sie fühlt sich wie im siebten Himmel. Während sie ein Stück nach dem anderen von ihrem herrlichen Frühstück auf ihrer Zunge genießt, fliegen ihre Gedanken wieder zu ihrem Körper. *Pflege ihn und horche ihm zu. Horche in ihn hinein. Was braucht dein Körper gerade jetzt? Es ist schwer, Verborgenes an die Oberfläche zu befördern, von drinnen nach draußen. Allein in sich hineinzuhorchen und Texte, Melodien und Ähnliches aus den Tiefen der Seele heraufzuzaubern. Hier ist er wieder, der magische Moment. Plötzlich erkennt man sich selbst. Also keine Angst vor dem Alleinsein, es könnten die produktivsten und spirituellsten Momente in deinem Leben sein,* sagt Sophia in Gedanken zu sich selbst. *Einfach innehalten, lauschen und die Seele erzählen lassen, denn die Seele spricht sehr leise und wird gerne vom Verstand übertönt.*

Da bringt Michaelis den duftenden Kaffee. Nun ist alles perfekt. Er setzt sich zu Sophia und sie erzählt ihm von ihrem Urlaub und warum sie eine Alleinreisende ist. Er hört ihr gerne zu, denn wenn er unterwegs ist, macht er es genauso wie sie. Die langen Monate im Sommer auf Kreta sind voll mit Touristen und er kann nicht auf Urlaub fahren. Er weiß die Stunden des Alleinseins zu schätzen, wenn er im Herbst und Winter auf Reisen ist. Dann sagt er:

„Ist es nicht seltsam, dass wir es genießen, wenn wir allein sein können, aber oft daran verzweifeln, wenn wir allein sein müssen? Ist es nicht seltsam, dass alles gegeben zu haben immer noch zu wenig sein kann? Und nichts zu bekommen einem irgendwann zu viel wird? Ist es nicht seltsam, dass wir ein Leben lang das Glück in der Liebe suchen, anstatt das Leben zu lieben und darin unser Glück zu erkennen? Dass wir Dinge erst richtig sehen, wenn wir die Augen schließen? Dass es Menschen gibt, die mit Wenigem auskommen und das Leben lieben, glücklich und fröhlich sind?"

Sophia ist erstaunt über die Worte des jungen Michaelis, aber er hat recht mit seinen Ansichten. Ganz ruhig wird ihr Inneres und ihr Blick schweift in die Ferne, dann antwortet sie:

„Ist es nicht dann besonders schwer, wenn man die Einsamkeit als Bürde spürt? Was sie tatsächlich nicht ist, es sind ja nur Gedanken, die einem das vorgaukeln wollen! Aber im nächsten Moment weiß man wieder, was Freiheit bedeutet und dass wir nicht einsam sein brauchen, da wir nur allein absolut frei sein können."

Michaelis nickt freundlich, weil er nur zu gut versteht, was Sophia meint. Auch er hat schon viel Zeit mit Alleinsein verbracht, ohne jemals wirklich einsam gewesen zu sein.

„Weißt du, Sophia", antwortet der junge Mann „someday, somewhere, somehow! So einfach war das! Es gibt einfach für alles seine Zeit und alles braucht auch seine Zeit. Jeder Moment, jede Tätigkeit, sogar jeder Gedanke braucht seine Zeit. Man kann nichts über den Kamm brechen. Alles ist gut eingerichtet in der Welt und fügt sich in ein Ganzes, von dem wir oft keine Ahnung haben. Die Sprichwörter ‚Kommt Zeit, kommt Rat' oder ‚Die Zeit heilt alle Wunden!' drücken genau das aus, nämlich dass alles seine Zeit braucht und alles seine Zeit hat. Und das Beste ist, dass wir das, was vorbei ist, auch vorbei sein lassen sollen. Diese alte Zeit war schön und jetzt ist Zeit für etwas Neues. Wir sollen einfach nicht stehen bleiben, sondern immer weitergehen!"

„Aber", wendet Sophia ein, „das kenne ich schon, dann ist man ausgebrannt und kann nicht mehr! Ich finde, es ist unheimlich wichtig, manchmal einfach den Zug anzuhalten und Stopp zu sagen, damit wir das Tempo aus unserem Leben herausnehmen, innehalten und nachdenken, welchen Müll wir schon wieder mit uns herumschleppen. Wir denken keine Sekunde darüber nach, ob wir das überhaupt brauchen!"

„Das stimmt natürlich, und es ist auch besonders wichtig, immer wieder eine Bestandsaufnahme zu machen! Aber mit dem Weitergehen meine ich, nicht ewig in alten Gedankenmustern zu denken, sondern eben den Weg frei zu machen für Neues und das dann auch wirklich zu tun und umzusetzen", ergänzt Michaelis.

Nun kommen andere Gäste und die beiden müssen ihr angenehmes Gespräch beenden bzw. auf später verschieben. Sophia will in die Sonne und ein Bad nehmen, es ist schon spät geworden. Ihre Entdeckungstour mit dem Motorrad wartet auch noch auf sie. Nach der Erfrischung im angenehmen Meer und einem kurzen, aber herrlichen Sonnenbad geht die Fahrt los. Sophia fährt über viele kleine Nebenstraßen fast bis nach Rethymnon. In Episkopi bleibt sie stehen und stärkt sich mit einem kleinen griechischen Kaffee gleich neben der Straße. Griechenland kann so viel mehr geben als nur Urlaubsfeeling. Mit dem herrlichen Duft von Sonne und Kräutern in der Nase und einem guten Gefühl im Bauch beobachtet sie das beschauliche Leben in diesem kleinen Ort. Alles geht langsam und ruhig voran, ganz ohne Hektik. Jeder nimmt sich kurz Zeit für ein nettes Wort oder einen kleinen Austausch. Es ist unglaublich entspannend unter dem alten Olivenbaum am Hauptplatz in diesem kleinen Café zu sitzen. Die Leute sind nett und freundlich.

So bleibt Sophia ihrem Weg treu, sich im Alleinsein und in der Meditation treiben zu lassen und nachzudenken, in der Sonne im Wasser zu treiben, in der Wiese zu gehen und zum Himmel zu schauen, im Wald spazieren zu gehen. Durch ihre Übung kommt sie dann in ein Stadium der Muße, wo ihre Gedanken zu fließen beginnen. Sie nimmt – ganz altmodisch – Stift und Papier zur Hand und schreibt alles auf, was sie wirklich glücklich gemacht hat. Damit wird sie immer geübter. Sie geht dabei ins Detail und sieht die Glücksmomente und Geschenke des Lebens bald überall. Plötzlich nimmt sie Dinge wahr, an denen sie früher einfach vorbeigelaufen wäre und die sie als selbstverständlich angesehen hätte. Dieses Reflektieren ist eine Art Meditation. Sie schafft es, ganz auf die Zeit zu vergessen, und ist bei sich selbst angekommen.

Sophia steckt ihren kleinen Kalender ein und will aufbrechen. Sie erinnert sich an einen anderen Weg, wo sie auch noch ihre liebe Freundin Agapi besuchen kann. Diese ist Lehrerin, arbeitet nachmittags im elterlichen Betrieb in der Nähe des Strandes und bedient die Gäste.

Übung 10 – Offene-Augen-Meditation

Michaelis erzählt Sophia über die Kunst, sich in eine Tätigkeit hineinfallen zu lassen, ganz in ihr aufzugehen, eben die Zeit zu vergessen. Dann ist es aber auch wieder einfach Zeit, damit aufzuhören oder essen zu gehen oder in die Sonne zu gehen, Zeit schlafen zu gehen, Zeit zu rasten und das Ergebnis der Tätigkeit zu betrachten und zufrieden zu sein. Viele denken, das sei tote Zeit und unproduktiv, aber genau das macht es aus: seine eigene Arbeit anzuschauen und wertzuschätzen, sich auszuruhen und im eigenen Zeitrhythmus zu leben! Nicht der Zeit hinterherjagen! Einfach Zeit haben für sich, seine Arbeit und seine Interessen! Gerade wenn man freie Zeit für sich selbst hat – nicht gleich wieder anfüllen mit Dingen, einfach leer lassen und nichts tun! Nicht anfüllen mit Aktivitäten, auch wenn man das so gewöhnt wäre.

Einfach einmal diese Leere, in die man fällt, anschauen und annehmen. Es ist eine Kunst, nichts zu tun, und doch recht unkompliziert. Aber mit ein wenig Übung gelingt es immer besser! Wer sich so wahrnimmt, kann plötzlich sehen, wo die eigenen Bedürfnisse liegen.

Plötzlich spüren und erkennen wir, wie wir unsere Lebenszeit gestalten möchten und wo wir uns wohlfühlen. Es geht darum, das Tempo aus dem Leben herauszunehmen! Wenn wir das erkannt haben, können wir unser Leben neu ausfüllen. Wer sich Zeit nimmt für sich, schafft vieles, ohne geschafft zu sein!

Ich möchte dich nun einladen, dich einfach hinzusetzen für ein paar Augenblicke und es zuzulassen, mit offenen Augen aus dem Fenster zu blicken. Früher haben wir dazu gesagt, wir schauen ins „Narrenkasterl". Ich glaube, das haben viele Menschen verlernt. „Zeit ist Geld! Das ist doch verlorene Zeit!", hört man die Menschen reden.

Aber mit offenen Augen ins Leere starren bringt den Körper wieder zur Ruhe und lässt „eingesperrte" Gedanken fließen.

Einfach ausprobieren und genießen. Immer öfter. Du wirst sehen!

Denk an die bewusste Atmung!

11 ERSTES TREFFEN

Als Konstantin am nächsten Morgen aus seinem Leuchtturm ins Freie tritt, blickt er sofort auf den Platz, wo gestern Abend diese bezaubernde, junge Frau mit seinem Hund Tychi beisammensaß. Heute ist dieser Ort leer, nur die aufspritzende Gischt der Wellen, die gegen den Felsen schlagen, ist zu hören. Tychi inspiziert gleich nochmals die Stelle, an der er gestern auf den riesigen Steinen lag, und schnuppert begeistert herum. Lustig und geübt springt er über die Felsen und läuft immer weiter fort. Manchmal ist er den ganzen Tag unterwegs und kommt erst am Abend wieder müde zurück. Es war noch nicht oft der Fall, dass sich jemand hierher verirrt hat. Der groß gewachsene Mann bekommt sehr selten Besuch, darum ist er froh seinen Streuner zu haben. Zu abseits von Touristenpfaden liegt dieser Ort. Aber trotzdem geht ihm der Anblick dieser interessanten Frau nicht mehr aus dem Kopf. Was wollte sie hier? Warum kam sie mit dem Motorrad hierher? War es nur Zufall?

Er hat heute viel zu tun! Er muss das Licht ganz oben im Turm reparieren und das ist eine Menge Arbeit, die ihm aber gefällt, denn er arbeitet sehr gerne unter der griechischen Sonne und liebt es handwerklich tätig zu sein. Er ist bestimmt kein Profi, aber er hat Zeit und Geduld, um diesen herrlichen alten Leuchtturm instand zu halten. Außerdem ist er dann beschäftigt, sodass er seine Gedanken ausschließlich seiner Arbeit widmet und nicht seinen Sorgen.

Er muss noch an seinem Alleinsein arbeiten, und es macht ihm oft zu schaffen, dass er keine Partnerin an seiner Seite hat. Das Leben alleine zu gestalten war nicht in seiner Vorstellung. All die Ablenkungen hier überdecken nur seine Ängste, die immer wieder nach vorne kommen. Er fühlt sich verlassen und ungeliebt. Das Empfinden niemanden zu wissen, dem er seine Liebe hätte schenken können, treibt ihn immer wieder in eine tiefe Traurigkeit und Trostlosigkeit. Fast alle Beziehungen, die er früher hatte, zeigen ihm nur, wie oberflächlich die Menschen in seiner Umgebung waren, wie sehr sie von Äußerlichkeiten geprägt waren und wie selten sie sein Herz erreichten. Es war auch bei ihm selbst nicht anders, da er es nicht zuließ echte Gefühle zu zeigen, zu geben und zu empfangen.

Erst jetzt, hier in Griechenland, begreift er Schritt für Schritt mithilfe seiner lieb gewonnenen Freunde, was ihm wirklich wichtig ist. Er sieht, wie sehr er in den letzten Jahren nicht auf sein Herz gehört und wie oft er darüber hinweg agiert hat. Tagelang kommt er dann nicht aus seinem Leuchtturm und nichts interessiert ihn. Nur die Arbeit für seinen Onkel Jannis schafft er zu erledigen. Sonst findet er Trost in der Weite des Meeres, der Kraft der Wellen und des Windes und dem Farbenspiel der Natur und der Sonne.

Manchmal erhält er auch Besuch von beiden quirligen Cousinen und seinem lieben Freund und Onkel. Dann verwöhnt Jannis seinen Neffen mit Köstlichkeiten aus dem Restaurant und mit tröstenden Worten. Jannis kennt seinen Neffen sehr gut, auch dessen Gemütszustand. Er unterstützt ihn, so gut er kann.

Eigentlich liebt es Konstantin zu zweit durchs Leben zu gehen, jemanden an seiner Seite zu wissen, für den es sich lohnt zu leben, und geliebt zu werden. Doch diesen Menschen kann man nicht herbeizaubern.

So beschließt er heute noch seine kleine Laufrunde zu absolvieren, bevor es zu heiß wird. Vielleicht kann er sich am Nachmittag dem Fischen widmen, das er so liebt. Das ist stets ein Moment der absoluten Entspannung. In der Firma hat er im Augenblick nicht viel zu tun, alles läuft ruhig und er ist zufrieden. Im Sommer ist es entspannt und es gibt nur wenige neue Aufträge, die allesamt seine Mitarbeiter erledigen können.

Am späteren Nachmittag fährt Sophia auf dem Heimweg ihrer Erkundungstour eine neue, unbekannte Strecke durch einen Olivenhain auf einer staubigen und gewundenen Straße nahe am Meer. *Hoffentlich verirre ich mich nicht auf der Insel,* denkt sie. Den Weg zu ihrer Freundin Agapi ist sie schon sehr lange nicht mehr gefahren. Nach jeder Biegung der Straße glaubt sie, sie könnte die Taverne ihrer Freundin sehen. Leider ohne Erfolg. Nach einer Stunde möchte sie schon fast aufgeben und umkehren, da sieht sie in der Ferne einen Leuchtturm. Ist das der Leuchtturm von gestern? Wie kann das sein? Sie ist eine ganz andere Strecke gefahren. Scheinbar gibt es einen zweiten Zufahrtsweg, der noch versteckter ist als der gestrige.

Nach weiteren Minuten auf der staubigen Sandpiste steht sie tatsächlich vor dem Leuchtturm. Gestern hat sie wegen der Felsen diesen Weg gar nicht gesehen. Sie kann es nicht fassen, dass sie das Schicksal wieder hierhergebracht hat. Sie stellt ihr Motorrad ab und nähert sich dem Turm. Diesmal steht er offen und sie hört angenehme Musik aus dem oberen Stockwerk schallen. Sophia war noch nie in einem Leuchtturm. Sie klopft an und ruft „Hallo", aber es hört sie niemand und es meldet sich auch keiner. Sie sieht sich im Freien um, aber auch da entdeckt sie niemanden. So steigt sie die Treppen empor in den ersten Stock und sieht eine sehr kleine, aber gemütlich eingerichtete Wohnung mit vielen Bildern mit Schiffen an den Wänden und allerlei Tauen und Seemannszeug. Die Sonne scheint durch ein Fenster. Die Musik dröhnt aus einem Radio. Als sie wieder gehen will, wird eine Türe aufgerissen, die sie vorher gar nicht bemerkte, und ein großer, braun gebrannter Mann steht plötzlich im Raum. Sophia erstarrt und reißt die Augen auf. Der Mann ebenso, aber er kann sich schneller wieder fangen, setzt ein Lächeln auf und sagt:

„Was hat mir denn das Meer hier hereingespült?"

Sophia stammelte so etwas wie „Entschuldigung ...", lächelt und will schleunigst wieder verschwinden. Es ist ihr nun sehr peinlich, einfach so in ein fremdes Haus eingedrungen zu sein. Aber der schlanke, gutaussehende Mann lässt das nicht zu.

„Moment einmal, wo kommen Sie her und wie heißen Sie?", möchte er wissen. „Wenn Sie möchten, können Sie gerne Platz nehmen."

Sophia nimmt die Gelegenheit wahr und erzählt, dass die Türe offenstand und sie Musik gehört habe. Sie dringe normalerweise nie in fremde Gebäude ein. Aber sie sei noch nie in einem Leuchtturm gewesen und sie wolle nur fragen, ob sie die Aussicht genießen dürfe.

Der Mann lacht über die Ehrlichkeit und Unbeholfenheit von Sophia und stellt sich kurz vor:

„Mein Name ist Konstantin, ich bin der Leuchtturmwächter! Wenn Sie nicht mehr davonlaufen möchten, zeige ich Ihnen gerne die Lichtkugel. Aber Achtung, da oben glüht es vor Hitze, obwohl die Fenster geöffnet sind. Ich repariere gerade das Licht, daher war der Turm auch offen. Wie heißen Sie? Waren Sie gestern nicht auch schon da?", möchte er wissen.

Wieder beginnt Sophia zu stammeln. Was ist bloß los? So kennt sich die taffe Frau, die so viel in ihrem Leben auf die Reihe bekommt, gar nicht. Als sie endlich ihren Namen sagt, ist sie wieder ein bisschen mehr sie selbst. Sie lächelt und ist einverstanden, mit diesem Mann noch höher auf den Turm zu steigen.

Als sie oben sind, erstarrt sie, denn die Aussicht ist phänomenal. Die Hitze allerdings auch. Sie kann gar nichts sagen, so sehr ist sie ergriffen von der Schönheit der Natur und der Welt. Konstantin beginnt zuerst zu sprechen:

„Ja, so ging es mir bei den ersten Malen hier oben auch. Auch mir blieben die Worte weg, darum stimmte ich zu, diese Arbeit hier zu übernehmen. Heute war es wichtig den Scheinwerfer zu kontrollieren. Er darf nicht ausfallen, da viele Untiefen hier in der Nähe den Schiffen gefährlich werden könnten, besonders bei rauer See."

Sophia ist noch immer wie vom Blitz getroffen und extrem beeindruckt. Sie weiß nicht, ob es der Mann oder die Aussicht hier oben ist, die ihr nur langsam die Möglichkeit geben, ihrer Bewunderung Ausdruck zu verleihen.

Konstantin lächelt, denn er findet diese Frau in ihrer Art einfach entzückend und auch diesen Ausblick jedes Mal wieder sensationell. Er bietet ihr etwas zu trinken an und sie setzen sich auf den kleinen Balkon in die Sonne. Sophia erzählt von ihrem Missgeschick, sich mit dem Motorrad verfahren zu haben, was er sofort verneint. Sie will schon protestieren, da meint er:

„Es war kein Missgeschick, sondern eine göttliche Fügung. Ich freue mich sehr, Sie kennenlernen zu dürfen." Konstantin reicht Sophia seine Hand, denn er ist so beeindruckt von dieser Frau und der Kulisse des Meeres, dass seine Gedanken kurz abdriften. Wie konnte das passieren, dass diese entzückende Frau nun hier bei ihm ist? Genauso wie er es sich das schon lange erträumt hat! Sie ist scheinbar gar nicht auf der Suche nach einem Abenteuer und wirklich nur durch Zufall hierhergeweht worden durch den Wind. Gestern und heute wieder? Oder weiß sie über ihn Bescheid? Egal, wie es ist, er genießt den Augenblick mit ihr.

Sophia lässt nicht locker und reißt ihn aus seinen Träumen.

„Es war absolut nicht meine Absicht heute gleich wieder hierherzukommen, denn eigentlich wollte ich eine Freundin besuchen, die in der Nähe wohnt. Scheinbar habe ich eine Abzweigung übersehen. Ich wusste absolut nicht, dass es noch einen Weg hierher gibt. Ich muss allerdings zugeben, dass ich gestern von dieser Kulisse sehr beeindruckt war und wieder hierherkommen wollte, jedoch nicht so schnell. Ich wusste nicht einmal, dass dieser Leuchtturm existiert, obwohl ich schon so viele Jahre nach Kreta komme. Und ich wusste schon gar nicht, dass er auch bewohnt ist. Aber eigentlich wollte ich unbedingt wieder hierherkommen. Das habe ich mir fest vorgenommen. Dass das gleich heute passiert, war nicht geplant."

„Der Mensch denkt und Gott lenkt!", sagt Konstantin und setzt wieder sein schelmisches Lächeln auf, das Sophia verzaubert. Da muss auch Sophia lächeln.

Er sagt weiter: „Es gibt eine Kraft, die so viel mächtiger ist als das, was wir in unserem Umfeld wahrnehmen. Wie zum Beispiel, dass du einen anderen Weg fährst in eine dir unbekannte Gegend und woanders landest als gedacht."

Das gefällt Sophia, denn sie kennt diese Kraft.

„Ich finde den Zugang zu dieser Kraft, wenn ich mich im Einklang mit meinem Herzen, meinen Passionen, meinem Lebenssinn und im Einklang mit meinem Leben befinde. Wenn das der Fall ist, geschehen erstaunliche Dinge fast auf mysteriöse Art und Weise. Das ist mir früher schon oft passiert!"

„War das heute auch der Fall?", will Konstantin wissen. Da lächelt Sophia, antwortet aber nicht. Das braucht sie auch nicht, denn Konstantin versteht sehr gut, was alles möglich ist. Er selbst hat es erlebt, als er hierherkam. Er war verzweifelt und kannte sich nicht mehr aus. Seine Verbindung zu sich selbst war unterbrochen. Die Abhängigkeit zu anderen in emotionaler Weise ließ in ihm ein Gefühl von Hilflosigkeit zurück. Er spürte die extreme Einsamkeit hier draußen. Lange Zeit saß er regelmäßig am Balkon, dachte über sein Leben nach und war dabei oftmalig am Ende seiner Kräfte. Seine Freunde und Freundinnen sorgten sich aber sehr intensiv um ihn und ließen ihn nicht aus den Augen. Sie unterstützten ihn immer wieder und sorgten mit Gesprächen und Aufmerksamkeit dafür, dass er wieder diese unbeschreibliche Kraft des Lebenswillens fand.

„Der Wert des richtig verstandenen und weise genutzten Alleinseins ist kaum zu ermessen!", sagte Sophia. „In ihm nimmt sich der gehetzte Mensch zurück aus der Zone des Lärms und er kann wieder die Quellen seines Wesens spüren und zu sich selbst finden. Schon Schopenhauer sagte, dass der wahre, tiefe Frieden des Herzens, die vollkommene Gemütsruhe, allein in der Einsamkeit zu finden ist."

Konstantin hört zu, kann aber nicht verstehen, wie das gehen soll, und bewundert im Stillen diese quirlige Frau, die scheinbar so gut mit sich alleine sein kann.

Sophia schaut aufs Meer und meint nach einiger Zeit:

„Einsamkeit gab es schon immer! In der heutigen Gesellschaft hat das Phänomen jedoch einen anderen Stellenwert als früher. Einsamkeit kann weh tun! Wer darunter leidet, steckt oft in einer Falle fest. Viele kommen lange nicht mehr aus dem Kreislauf zwischen Abschottung von der Außenwelt und dem Gefühl von eigener Wertlosigkeit heraus. Wer sich jedoch dazu entscheidet, sich selbst aus eigener Kraft aus dieser Falle zu ziehen, der kann nur beginnen zu lernen sich selbst zu helfen. Viele sind einsam geworden in dieser lieblosen Zeit, Anonymität und Oberflächlichkeit stehen an der Tagesordnung. So sehr es uns auch nach einem verstehenden und liebevollen Menschen verlangt, viele erfahren das Gegenteil: Egoismus, Zynismus und Kälte."

Konstantin fühlt sich verstanden, denn einiges von dem, was Sophia gerade erzählte, erfuhr er am eigenen Leib. Seine Sehnsucht nach einem liebenden Menschen an seiner Seite ist unermesslich groß. Daher genießt er diesen Moment. Hier mit Sophia oben auf seinem Leuchtturm zu sitzen und ein angenehmes Gespräch mit dieser aparten Dame an diesem Abend zu führen gefällt ihm, erfüllt ihn und er meint:

„Der Lärm der Stille kann unerträglich werden! Ansprechpartner fehlen mir und ein Gefühl von Wertlosigkeit steigt oft in mir auf. Ein Gefühl von Versagen und von Ungeliebtsein zieht mich dann in die Tiefe. Oberflächlichkeit quälte mich in vielen Beziehungen, die ich schon hatte. Nun, ich bin ein guter Schwimmer und diese Qualitäten sind absolut gefragt, wenn ich mich selbst aus diesem Strudel der Einsamkeit befreien möchte. Die lähmende Art des Alleinseins lässt nur die los, die sich selbst helfen. Das macht es so gefährlich. Ich kenne das nur zu gut."

Sophia kann verstehen, was der attraktive Mann aus Österreich meint, und sagt: „Es gibt aber auch die fruchtbare Einsamkeit, die immer wieder von schöpferischen Geistern gesucht wurde und wird. Dichter, Sänger, Wissenschaftler und Künstler müssen allein sein, damit sie aus ihrer Mitte schöpfen können, um daraus Dinge an die Oberfläche befördern zu können, die für sie selbst und vielleicht oder hoffentlich für die Menschheit wichtig sein könnten."

Konstantin antwortet: „Ich bin bereit neue Dinge auszuprobieren und neue Herausforderungen anzunehmen. Mit dir auf jeden Fall!" Er grinst über das ganze Gesicht.

Sophia meint schlagfertig: „Wie wäre es zum Beispiel mit Kochen?"

Beide müssen laut lachen. Sie genießen den Moment hier oben so sehr, die warme Luft und das inspirierende Gespräch mit dieser freien Aussicht, dass sie gar nicht bemerkten, wie spät es schon spät geworden ist. Es regt sich Hunger in Sophia. Auch Konstantin hat heute kaum etwas gegessen.

„Du bist bestimmt ein ausgezeichneter Koch! Und ich kann dir gerne meine Hilfe anbieten, wenn du neue Gerichte ausprobieren möchtest." Sophia zwinkert ihm zu. Dieses Angebot lässt sich Konstantin nicht zweimal sagen. Er überlegt kurz, doch dann nickt er und lächelt Sophia sympathisch an.

„All das bereitet mich auf künftige Abenteuer vor und das fördert mein Selbstbewusstsein. Vielleicht künftige Abenteuer mit dir?" Er lächelt wieder schelmisch in Richtung Sophia. „Möchtest du heute mein Gast sein an diesem besonderen Ort, liebe Fremde aus der gemeinsamen Heimat?"

Er ist erfreut über die unerwartete Überraschung an diesem Tag. Er genießt es, mit der Frau von gestern Bekanntschaft zu machen und sie sogar zum Essen einladen zu können. Es gibt keine Zufälle, das weiß er. Er ist nur sehr erstaunt, dass sich diese Frau scheinbar schon lange mit der universellen Verbundenheit auskennt.

Sophia stimmt ihm zu und sagt: „Bist du jetzt in der Lage die nächsten Herausforderungen entspannt anzugehen und elegant mit einem neuen Problem zu verfahren?"

Konstantin fühlt sich herausgefordert und schaut verschmitzt.

„Aber natürlich, wir fangen uns jetzt unser Essen! Kommst du mit?"

Was hat er vor?, überlegt Sophia.

Kurzerhand schnappt er sich seine Angel, denn das Fischen hat er sowieso für heute eingeplant, und deutet mit einer Handbewegung zu gehen. Wohin will er?

Sophia liebt Abenteuer, daher geht sie ohne weitere Frage mit ihm mit. Sie steigen einen kaum erkennbaren schmalen Steig rund um den Felsen des Leuchtturms hinab, bis hinunter zum Meer. Inzwischen hat der leichte Wind aufgehört und das Meer ist ruhig, nur die sanfte Bewegung der kommenden Wellen kann man beobachten. Sie erkunden einen günstigen Platz auf einem flachen Felsen. Beide genießen die Freiheit und die Ruhe hier so nah am Wasser. Konstantin wirft seine Angel aus und ist in seine Tätigkeit vertieft. Sophia setzt sich auf einen Stein und beobachtet Konstantin beim Fischen. Er hat ein charmantes Lächeln. Außerdem ist er ein großer, kräftiger und gut gebauter Mann. *Warum nur ist er hier alleine in seinem Turm? Wie lange wohnt er schon hier? Hat er Familie? Und gehört der Hund von gestern doch nicht zu ihm?* Sie kann den kleinen Wirbelwind nirgendwo erblicken! *Wo ist er nur?* So viele Fragen tummeln sich in Sophias Kopf, doch keiner der beiden spricht ein Wort. Sie sitzt auf dem warmen Stein und beobachtet die Situation und die Schönheit des Abends. Alles ist harmonisch. Es ist ein traumhafter Tag, warm, windstill, sonnig und ruhig. Sie können die warmen Sonnenstrahlen genießen. Sophia sitzt am Ufer des Meeres und die Stimmung ist überwältigend. Es ist so ruhig hier und ihre Gedanken hören auf zu fließen. Sie sitzt einfach nur da und schaut hinaus aufs Meer. Sie nimmt alles wahr. Sophia ist ganz im Hier und Jetzt und hörte das Wasser rauschen, die Vogelgeräusche, die Wassertiere und die Insekten. Alles ist voll da in ihrer Wahrnehmung und trotzdem herrscht in ihr eine glückliche Leere. Kein einziger anderer Gedanke ist in ihrem Kopf. Es ist ein seliger Zustand in tiefer Verbundenheit mit der Natur.

Auch Konstantin ist in diesem Moment ruhig und in sich gekehrt und achtet nur auf seine Angel. Er genießt es, unabhängig von Sophia zu sein und doch in ihrer Nähe diese angenehme Atmosphäre zu erleben. Er ist erfüllt von ihrer Ruhe und Gelassenheit. Das lässt ihn lächeln und in entspannter Ruhe weiterfischen. Ein Blick zu Sophia sagt ihm, dass sie es ist, die ihm dieses Glück zeigt, das er in diesem Augenblick empfindet. Sie sind verbunden mit der Welt und dem Universum. Sophia ist so wunderschön in ihrem Wesen, dass er sie gerne beobachtet, ohne dass sie es bemerkt. Manchmal treffen sich ihr Blicke und sie lächeln einander zu. Dieser schweigsame, friedvolle Augenblick ist einfach zauberhaft für die beiden. Dieser Moment ist erfüllt von Glückseligkeit.

„Jedem Anfang wohnt ein Zauber inne!" Die beiden können diesen kostbaren Moment ganz in sich aufnehmen und voll und ganz auskosten. Es braucht einfach nichts anderes zum Glücklichsein.

Das Glück kommt von innen und nicht von außen, es kommt aus einer glücklichen Seele. Wenn der Augenblick unendlich wird in seiner Schönheit, dann endet er nicht. Wir erreichen einen glückseligen Zustand, einen FLOW, da ist nur der

Moment. Immer wieder tönt das Meer wie Musik in Konstantins und Sophias Ohren. Sie wissen um diesen kostbaren Moment des Lebens in Frieden und Glück. Hier geht es um Lebensqualität in jedem Moment des Tages.

In sich zu verweilen ist eine erlernbare Kunst, die es zu entdecken gilt. Man ist in einer anderen Zeit. Das Denken wird angehalten und den Faktor Zeit gibt es nicht mehr, er wird verbannt. Ob Zeit nun verfliegt oder sich in die Länge zieht, spielt keine Rolle mehr. Im Inneren herrscht Leere und Ruhe. Diese absolute Gegenwart, dieses Ganz-und-gar-im-Jetzt-Sein lässt die Vergangenheit ziehen und die Zukunft erwarten. Stille ist Magie! In der Stille zu sein ist Magie. Hier beginnen Dinge zu geschehen, wundervolle Dinge, Frieden kommt, Glückseligkeit kommt, Freude kommt. So in der Stille dasitzend, erinnert Sophia daran, wer sie ist.

Plötzlich springt ein großer Fisch unerschrocken ganz nahe am Ufer aus dem Wasser und zeigt seine Lebendigkeit. Auf und unter dem Wasser – lebendig und zufrieden mit dem Tag. So schön. Sophia ist glücklich und absolut sicher, dass der Fisch noch seine Freiheit genießt, springt auf, um ihn besser sehen zu können, aber leider hat Konstantin ihn bereits am Haken. Er kämpft, um diesen kräftigen Burschen zu bändigen. Er ist stolz, einen so guten Fang gemacht zu haben. Beide sind aufgeregt und Sophia hilft, den Fisch mit dem Netz aus dem Wasser zu bringen.

„Das Abendessen ist gerettet!", ruft Konstantin voller Freude, als der Fisch gefangen ist. Er präsentiert sich als begabter Fischer, der er hier auf Kreta in den letzten Jahren werden konnte.

Übung 11 – eine glückliche Seele

Es gibt eine lange Liste an Dingen für jeden Tag, um der glücklichen Seele ein wenig näherzukommen. Da geht es nicht um Einkäufe und um großen Luxus, sondern um kleine Komplimente und Freuden! Arme Menschen sind oft viel zufriedener und glücklicher! Freude zu machen macht Freude! Entweder für andere oder auch für sich selbst! Sich einfach jeden Tag eine glückliche Auszeit gönnen.

Du kannst die Liste beliebig erweitern!

Alleine auf Urlaub fahren und neue Leute kennenlernen
Entscheidungen alleine treffen, ohne die Meinung eines anderen
Jemanden anlächeln, den man nicht kennt
Ein freundliches Gespräch mit einer Verkäuferin, die helfen mag/muss
Einmal das Handy einen Tag nicht einschalten
Täglich 30 Minuten in der Natur verbringen
Sich Schweres von der Seele schreiben und ablegen
Lächeln und dann vergessen! (Chin. Sprichwort)
Jemandem etwas Gutes tun oder sagen
Einen Blumenstrauß für sich kaufen oder ihn verschenken
Ein täglicher Spaziergang

12 GEMÜTLICHKEIT UND VERTRAUTHEIT

Die Berge und das Meer geben Sophia die stärkste Kraft, die sie als Mensch empfinden und empfangen kann. Sie ist überwältigt vom Anblick des Meeres direkt vor ihr und Kretas Bergen hinter ihr. Es dämmert bereits und sie spürt die Kraft des Windes, diese Gewalt der Natur, stark und unbeugsam. Der Himmel ist ohne Wolken und so viel Licht der am Horizont verschwindenden Sonne strahlt in ihr Herz, dass ihr vor Glück die Tränen über die Wangen laufen. Ein Glück, das sie jetzt empfinden darf. Hier zu sein, allein und stark. Dieses Dasein bestärkt sie so sehr in ihrer Entscheidung, den richtigen Weg zu gehen. Genau den Weg, den ihr Herz und ihre Seele im Moment brauchen.

Die Kraft, die ihr das Meer gibt, hat ihr so lange gefehlt! Sophia hat viel zu lang auf andere Rücksicht genommen. Erst jetzt spürt sie, wie tief dieses Bedürfnis nach Meeresluft und freiem Blick in ihr ungestillt war. Sie fühlt sich im Moment wie auf einer Startrampe zum Abheben und Fliegen. Zum Loslassen und Abschütteln aller Sorgen. Sie meint:

„Ich bin glücklich hier zu sein und mich überwunden zu haben. Eigentlich war es ein Aufraffen hierher nach Griechenland zu fahren und meine Angst zu überwinden, die Reise mit ihren Strapazen ganz allein zu managen. Was ich aber aus jetziger Sicht gar nicht mehr verstehen kann. Ein Ortswechsel beeinflusst unser Immunsystem. Es ändert den Lebensstil und bringt Entspannung. Den weiten Weg auf mich genommen zu haben war bestimmt eine Anspannung, aber letztlich kann man dabei so viel gewinnen!"

„Es ist nicht leicht diese Schritte allein zu gehen, aber jeder kleine wackelige Schritt bestärkt uns, es richtig zu machen. Erst diese kleinen Schritte machen es möglich unsere Persönlichkeit weiterzuentwickeln, unsere Ressourcen zu aktivieren, um mit Mut diese Wege gehen zu können", antwortet Konstantin, als er den gegrillten Fisch, auf einem Teller angerichtet, auf das kleine Tischchen vor dem Leuchtturm stellt. Sophia grinst und freut sich einen herrlichen Abend mit so einem anziehenden Mann genießen zu dürfen.

„Nun spüre ich, wie sehr ich daran wachse und gedeihe und ein viel offeneres und weiteres Bewusstsein erlange. Ich kann die Natur wieder in all ihrer Kraft fühlen, sie auch viel mehr aufnehmen und wahrnehmen. Schönheiten entdecken und sehen, wo andere vielleicht daran vorbeilaufen."

Konstantin sagt: „Weil die Menschen nicht an Schätze glauben, erkennen sie sie nicht, auch wenn sie sie sehen!"

„Das stimmt, das sehe ich genauso. Wo liegen deine Schätze?", fragt Sophia.

Konstantin muss nicht lange nachdenken und sagt: „Die Unendlichkeit sowie mit der Natur und der Schönheit der Erde vereint zu sein. Das ist es, was mich mit Glück und Freude erfüllt. Darum bin ich hier und das ist mein größter Schatz!"

„Ich liebe das Leben und ich liebe meine Kinder, und ich hätte sie gern hier bei mir, um ihnen diese Schönheiten und Kräfte der Natur zu zeigen. Ich liebe auch meine Freunde, denn sie begleiten mich auf liebenswürdige Weise auch durch schwere Krisen wie in den letzten Jahren. Jeder hat seinen speziellen und ganz wichtigen Platz in meinem Leben, sonst wären sie nicht an meiner Seite", sagt Sophia.

Konstantin nickt zustimmend, denn es gefällt ihm, was sie sagt, und er öffnet den guten Wein für dieses köstliche Essen im Freien. Fisch und Tsatsiki sind Sophias Lieblingsspeisen. Dieses Menü bei dieser Aussicht und in dieser angenehmen Gesellschaft zu genießen ist ein ganz besonderer Glücksmoment, den sie nie wieder vergessen wird. Sophia kann nur staunen, die Augen und den Mund öffnen und vollkommen ergriffen sein von der Schönheit und Herrlichkeit der Natur und darüber, in diesem Augenblick vereint zu sein mit allem. Das ganze Universum umarmend. Das Gefühl von Liebe strömt in Sophia und sie sendet all ihre Liebe in die Welt und lächelt. Konstantin spürt Sophias Ergriffenheit und bewundert sie im Stillen. Das Bedürfnis sie zu umarmen ist so stark, dass er es nur schwer beherrschen kann. Aber es ist noch zu früh, um ihr seine Bewunderung zu zeigen. So schenkt er voller Freude über diesen bezaubernden Abend den Wein in die Gläser und stößt mit Sophia an.

„Herzlich willkommen auf Kreta und in meinem kleinen Turm! Auf unser zufälliges Treffen!" Konstantin strahlt über das ganze Gesicht, es ist ein so wunderbarer Zufall. Sophia bedankt sich für die Einladung zum Abendessen. Ein noch breiteres Lächeln legt sich auf ihr Gesicht.

„Wir dürfen alle für einen Bruchteil der Weltzeit hier auf Erden Zeit verbringen und können dankbar sein für jeden Augenblick. Es ist einfach überwältigend! Ich will dieses Gefühl gar nicht mehr loslassen. Ich will einfach den Zauber des Moments anhalten und mein Herz aufmachen, dieses Glück einströmen lassen und mich mit der Unendlichkeit verbinden. Danke!"

Als sie die Augen wieder öffnet, steht Konstantin mit geöffneten Armen neben ihr, lächelt sie an und umarmt diese noch unbekannte Frau liebevoll und fest zugleich. Welch ein Geschenk an diesem Abend! Überglücklich fühlen sich beide. Sophia ist etwas überrascht von seiner Zuneigung, aber sie genießt die Situation und ist berauscht von ihren Emotionen. Nach einer Ewigkeit lösen sie sich wieder voneinander und beginnen voller Freude den riesigen köstlichen Fisch zu verspeisen. Was für ein Abend! Diese Ruhe! Dieser Augenblick! Diese Zeitlosigkeit!

Sophia sagt dann: „Der Wert des richtig verstandenen und weisen genutzten Alleinseins ist kaum zu ermessen und manchmal auch ein Zustand des Glücks und der Glückseligkeit. Im Alleinsein nimmt sich der gehetzte Mensch zurück aus der Zone des Lärms, er kann wieder die Quellen seines Wesens spüren und zu sich selbst finden. So wie hier bei dir und dem Leuchtturm. Oder?"

Er lächelt, denn er hat sich schon lange nicht mehr so wohl und frei gefühlt.

„Freiheit pur bedeutet für mich, tun und lassen zu können, was mir gerade beliebt. So lange sitzen, wie ich will, so lange schlafen, wie ich will, und fortgehen, so lange ich fortgehen will. Niemand ist da, den ich fragen muss und der meine Meinung beeinflussen kann. Es kommt ganz auf den eigenen Gemütszustand an, ganz auf mich selbst."

Er erinnert sich und spricht weiter: „Noch vor wenigen Monaten sagte ich, ich könnte niemals alleine sein, ich brauche immer jemanden an meiner Seite. Ich kann nicht alleine leben. Jetzt hat sich das verändert und ich bin gerne hier für mich alleine, obwohl es mir noch immer nicht leichtfällt. Aber ich habe den Wert erkannt, ungestört meinen Gedanken nachzuhängen. Außer es kommt ein kleiner süßer Marienkäfer geflogen, der sich verirrt hat."

Beide schmunzeln, denn sie weiß, was er meint. Sie geht aber nicht auf sein Kompliment ein, sondern fragt:

„Aber was bedeutet das? Was passiert, wenn dieser Jemand an deiner Seite plötzlich weg ist? Das eigene Glück auf dem Glück eines anderen aufzubauen steht doch auf keinen sicheren Beinen."

„Ja das war früher so", antwortet er, „jetzt ist das anders. Zum Glück! Es ist noch immer hart für mich allein zu sein, ohne bei einem liebevollen Menschen sein zu können, aber ich habe verstanden, dass ich mein Glück nicht auf dem Glück eines anderen Menschen aufbauen kann. Es war für mich immer schwer, ohne eine Partnerin auszukommen, bis ich erkannte, dass ich für die schnelllebigen Beziehungen in meinem Leben nichts mehr empfinden konnte. Ich habe keine Herzenswärme mehr gespürt, außer der körperlichen Nähe, da war nur mehr Leere und Einsamkeit. Da las ich einen Satz von Oskar Wilde: ‚Wenn du Einsamkeit nicht ertragen kannst, dann langweilst du vielleicht auch andere!' Das gab mir zu denken, vielleicht war es an der Zeit, meine Perspektive zu ändern."

„Was war eigentlich der entscheidende Auslöser, dass dich die Einsamkeit belastete, hemmte und lähmte, anstatt zu einer Kraftquelle zu werden? Kam es bei deiner empfundenen Einsamkeit nicht vor allem auf deine Haltung an? Ist Einsamkeit das Problem unserer Gesellschaft oder gibt es heute mehr Menschen, die darunter leiden als früher?", will Sophia von ihm wissen.

„Einsamkeit gab es schon immer! Einsamkeit ist Teil der Menschheit. In der heutigen Gesellschaft hat das Phänomen Einsamkeit jedoch einen anderen Stellenwert als früher. Einsamkeit tut weh! Wer darunter leidet, kann sie sehr schwer aushalten. Der Lärm der Stille kann unerträglich werden! Ansprechpartner fehlen und Einsamkeit kann uns das Gefühl geben, versagt zu haben, wertlos oder ungeliebt zu sein. Dieser Zustand kann uns unaufhaltsam in die Tiefe ziehen. Was er auch getan hat. Aus diesem Zustand der Einsamkeit konnte ich mich nur selbst wieder herausziehen. Selbsthilfe war angesagt. Heute kann man lernen sich selbst zu helfen", antwortet Konstantin.

„Es entscheiden sich doch immer mehr Menschen in unserer Zeit ganz bewusst zumindest eine Zeit lang für die Unabhängigkeit eines Singlelebens. Sie wollen keinerlei Kompromisse eingehen und verzichten eher auf eine Partnerschaft, als in einer unbefriedigenden Beziehung zu vereinsamen. Alleinsein ist ein Luxus, den sich noch vor einem Jahrhundert kaum einer leisten konnte. Die Singlehaushalte boomen. Besonders den Frauen gelingt es in unserer Zeit den Schritt in die Freiheit und Unabhängigkeit zu schaffen, wo sie früher noch in unerfüllten Partnerschaften und Abhängigkeiten ausharren mussten.

Werden die Anforderungen allerdings unrealistisch, kann die schöne neue Welt der Freiheit ins Gegenteil kippen. Die Einsamkeitsfalle schnappt zu. Sozial und emotional Isolierte bleiben übrig. Einsamkeit bedeutet keinen Ansprechpartner zu haben. Einsamkeit bedeutet den Lärm der Stille erträglich zu halten. Wer sich selbst liebt, wird auch von anderen geliebt! Allein mit sich an den eigenen Gedankenmustern zu arbeiten hilft, sich selbst zu lieben, wie man ist", meint Sophia. „Ich bin schon eine lange Zeit mit mir allein und ich möchte sagen, dass ich es auch sehr genieße!"

„I am what I am! Subjektiv empfundene Einsamkeit muss nichts mit dem tatsächlichen Alleingelassensein zu tun haben. Manche Menschen haben ein soziales Netz, auf das sie aus unterschiedlichen Gründen nicht oder nur manchmal zurückgreifen wollen oder können. Missverständnisse und das Gefühl, nicht ernst genommen zu werden, rufen Einsamkeitsgefühle hervor. Gedankenmuster wie: Wer würde mich schon sympathisch finden, wenn ich mich selbst nicht leiden kann? Wer würde mich schon liebenswert finden? – Diese Muster bringen Menschen in einen Teufelskreis von sich selbst erfüllenden Prophezeiungen!", meint Konstantin.

„Das stimmt, da sind nun gute Schwimmerqualitäten gefragt, um sich aus diesem Strudel wieder selbst befreien zu können. Diese Art des Alleinseins lässt nur die aus, die lernen sich selbst zu helfen. Das macht es so gefährlich. Viele hoffen auf Rettung von außen und können sich doch nur selbst retten. Die Tür dieses speziellen Gefängnisses, des Gefängnisses Einsamkeit in unseren Gedanken, lässt sich nur von innen öffnen. Dann ist es an der Zeit sich dem Leben zu stellen und auch sich selbst. Wer mit sich selbst im Reinen ist, kann allein sein, ohne einsam zu werden. Wer sich selbst jedoch keinen Wert beimisst, kann von noch so vielen Menschen umgeben sein, er wird einsam bleiben. Einsamkeit macht stumm. Einsamkeit raubt uns Gesprächsthemen und die Fröhlichkeit", sagt Sophia.

Wie gut versteht Konstantin doch Sophias Meinung. Genauso hat er es lange erlebt in seinen Beziehungen.

„Könnte vielleicht damit auch gemeint sein, dass man nicht notgedrungen allein leben muss, um sich einsam zu fühlen?", möchte er wissen.

„Absolut, alle verbindet ein Hauptthema. Es geht um die Seelenfolter des Gefühls Einsamkeit. Diese ist weit verbreitet. Es ist oft auch ein Tabuthema, denn sich schwach zu zeigen, hilfesuchend und anlehnungsbedürftig im wahrsten Sinne des Wortes, ist kein Gefühl der Stärke und Unabhängigkeit. Das will man nicht gerne zugeben. Oft sind es nicht nur alleinstehende ältere Menschen, die darunter leiden, nein, auch jüngere Menschen nach einer Scheidung oder eben auch noch in einer Ehe. Es sind auch ganz junge Menschen mit vielen Kontakten über Facebook, Twitter oder Partnerplattformen, die oft sehr einsam sind und keine ‚echten' Kontakte knüpfen können. Einsamkeit hat viele Gesichter. Aus Angst vor Einsamkeit setzen so manche Verlassene auf einen intensiven Kontakt mit dem Ex-Partner, oder manche geben ihrem Partner falsche Hoffnungen, obwohl sie sowieso wissen, dass er nicht der Richtige ist. Nur um nicht allein zu sein", antwortet Sophia.

„Aber ist dann nicht Einsamkeit zu zweit ein noch heikleres Thema?", ist seine nächste Frage.

„Sicher sogar! Das ist furchtbar! Ich glaube sogar, es ist noch unerträglicher, als ganz alleine zu sein! Einer geht zum Beispiel ins Fitnessstudio, nur um nicht zu Hause zu sein. Der andere flüchtet in Online-Aktivitäten und spielt am Handy. Beide sind mit ihrem Wunsch nach Nähe allein. Jeder, der schon einmal alleine war, weiß, dass dieser Zustand die Hölle sein kann. Man ist verleitet zu Seitensprüngen. Nicht Untreue führt dann zu Einsamkeit in der Partnerschaft, sondern die Einsamkeit führt zu Untreue."

Sophia erzählt so viel, da sie schon etwas angetrunken ist und sich von diesem Thema sehr berührt fühlt.

„Was denkst du über den schweigsamen Ehemann, der Angst vor Geldmangel hat, aber nicht redet? Oder über die betrunkene Ehefrau, mit der man immer weiter auf Abstand geht und aufhört zu reden? Was denkst du über die vielen Frauen und Männer, die Sex haben und doch keine Bindung aufbauen können? Und was denkst du über die 20-jährige Ehe, in der kaum mehr wirklich geredet wird?"

Konstantin nickt, denn er weiß zu gut, wovon sie spricht, obwohl er nur kurz verheiratet war. Auch über die fehlende Bindung bei wechselnden Partnern weiß er Bescheid.

„Zuerst ist da das Gefühl, nicht verstanden zu werden. Das steigert sich immer mehr zum Gefühl, ausgeschlossen zu sein. Nichts scheint mehr interessant genug, um es anderen mitzuteilen. Und doch ist Reden der wichtigste Schritt aus dem Gefängnis. Einsamkeit als Folge zunehmender Isolierung. Gilt es als Manko, einsam zu sein? Selbstzweifel, Wertlosigkeit und die Unfähigkeit das Leben zu meistern sind nur einige Themen für Alleinstehende." Sophia stimmt Kostas zu.

„Da hilft oft das Plaudern mit dem Partner oder ein paar schöne Gespräche mit Freunden. Wenn man sein Herz ausschütten und über die Seele und das Gefühl sprechen kann, geht es oft besser."

Kostas fragt: „Bist du gerne alleine und genießt du es vielleicht sogar, mit dir alleine zu sein? Bist du hier alleine auf Urlaub? Und wie lange bleibst du?"

Sophia lacht, denn das sind viele Fragen auf einmal.

„Ja, ich bin mit mir alleine sehr zufrieden und genieße die Momente, wo ich wirklich ganz alleine sein kann, denn die sind sowieso sehr kurz und äußerst kostbar. Immer sind Menschen rund um uns. Oft stören sie durch Fragen unser Alleinsein. Daher genieße ich die Zeit und auch diesen Urlaub, wo ich meinen Gedanken nachgehen kann. Da erlebe ich so etwas wie einen Kassasturz. Nachdenken, was zu verändern ist im Leben und was gut ist, wie es ist. Und manchmal ist es herrlich nichts zu denken und den Hirncomputer einfach runterzufahren. Stopptaste drücken und aus!"

„Das kannst du?" Konstantin ist erstaunt.

„Ja, das ist nicht schwer, es braucht nur ein wenig Übung. Wenn du möchtest, zeige ich es dir! Es ist eine Meditation mit offenen Augen und hat viel mit Atmung und Loslassen zu tun."

„Sehr gerne einmal, aber was ist nun mit deinem Urlaub?", hakt Kostas nach.

„Ja, der ist eine Auszeit für meine Seele und eine Auszeit für mich und dauert noch einige Zeit!", lacht Sophia.

Beide sprechen die gleiche Sprache und so ist der Abend gemütlich und unterhaltsam. Nun ist der Mond aufgegangen, der Wein leer und beide sind müde und erfüllt von diesem Tag. Sophia hat überhaupt keine Lust mehr heimzufahren. Soll sie hierbleiben?

Als sie aufsteht, um den Tisch abzuräumen, weiß sie, dass sie nicht mehr fahren kann. Konstantin bemerkt es sofort und bietet ihr eine Übernachtung auf seinem Sofa an. Sophia ist überrascht, aber glücklich und nimmt gerne an. Lange sitzen sie noch am Meer auf den Steinen und betrachten das Wasser im Mondlicht. Es ist unglaublich romantisch und bald nähert sich Konstantin Sophias Mund und berührt ihn zart. Er kann seine geheimen Gefühle für sie nicht mehr zurückhalten und will sie jetzt küssen. Sophia ist überrascht, wehrt sich aber nicht und erlebt einen unglaublich zärtlichen und liebevollen Kuss. Sie umarmen sich gefühlvoll und immer fester werdend. Sie bleiben eng beieinander sitzen und genießen die körperliche Nähe und die angenehme Anziehung, die beide schon lange nicht mehr so erlebt haben. Lange schweigen sie und sind einfach nur da, ganz nah in der wunderbaren Umarmung und der Wärme des Abends. Immer wieder überkommt die beiden der Wunsch nach einem Kuss. Berauscht und glücklich drängt sie dann ihre Müdigkeit und die nächtliche Kühle nach drinnen, sie können die Nacht nicht mehr länger draußen genießen.

Sie gehen in den Leuchtturm und machen es sich auf dem blauen Sofa gemütlich. Sie finden wieder diese liebevolle, innige, herzliche und äußerst angenehme Umarmung und schlafen bald eng umschlungen und aneinander gekuschelt ein. Was für ein Gefühl! Beide erleben seit Langem wieder Zweisamkeit und spüren das Verlangen, diese Nähe zuzulassen.

Übung 12 – das Spiegelgesetz

Viele Situationen im Leben spiegeln uns unser eigenes Leben. Es geht darum, wie wir darauf reagieren. Geschichte von dem Palast mit den 100 Spiegeln:

Ein Hund kam in den Palast mit 100 Spiegeln und hatte Angst. Alles war neu und nichts war ihm Geheuer. So stellte er seine Nackenhaare auf und fletschte seine Zähne. Unsicher betrat er den Spiegelraum. Nun sah er zuerst einen und dann andere böse Hunde und begann zu bellen. Dann bellten ihn 100 andere Hunde an und er rannte mit eingezogenem Schwanz, so schnell er konnte, davon. Lange Zeit war er noch völlig verstört, total außer Atem und in einem Gefühl der Panik.

Ein anderer Hund kam in den Palast mit 100 Spiegeln und hatte pure Freude. Alles war neu und alles war ein Abenteuer. So wedelte er mit seinem Schwanz und wackelte lustig mit seinen Ohren. Aufgeregt und neugierig betrat er den Spiegelraum. Nun sah er zuerst einen und dann viele andere freundliche Hunde und er begrüßte alle voller Freude. Dann sah er das Rudel von 100 anderen lustigen Hunden und die Freude kannte kein Ende. Noch lange hatte der Hund seinen Spaß im Spiegelsaal.

- o Warum gehst du mit manchen Dingen so sehr in Resonanz und regst dich darüber auf?
- o Was bekommst du gerade vom Leben gespiegelt?

Wir haben immer die freie Wahl uns neu zu entscheiden.

- o Wie möchtest du in dein neues Leben starten?

13 VERWIRRUNG

Am nächsten Morgen wacht Sophia früh auf. Die Sonne ist schon aufgegangen. Sie entzieht sich Konstantins Umarmung und verlässt den Leuchtturm unbemerkt. Ihr Gemüt ist durcheinander, ihr fehlt der Blick durch die Liebeslandschaft. Obwohl das Glück in ihr ist, muss sie sich doch neu orientieren.

Sie kommt an eine von der Morgensonne beleuchtete Stelle, stoppt ihr Motorrad, schaut aufs Meer hinaus und zurück zum Leuchtturm. Sie spürt das Glück des Paradieses in ihrem Herzen. Viele Wege sind nun möglich zu gehen, sie muss nachdenken. Sie spürt ein neues Feuer in sich entfacht, genau ihren Weg zu gehen, um sich jetzt besser und neu zu entscheiden.

Sie wollte sich im Grunde genommen nicht stören lassen und frei wählen, auf das Feuer in ihr horchen und ganz genau spüren, was sie will und wo ihr Weg hinführen sollte. Sie möchte, dass ihre Träume Wirklichkeit werden. Das Feuer tief in ihr soll sie leiten, den richtigen Weg einzuschlagen.

So ein aufregender Tag! Alles lief irgendwie anders! Sophia denkt noch an gestern! Was ist da alles passiert? Wie konnte das geschehen? Wer ist dieser Mann eigentlich, in dessen Armen sie sich so wohl gefühlt hat? Es ist eine Freude mit ihm zu reden und ein Glück das Leben so anzunehmen, wie es kommt. Es war absolut nichts geplant. Es öffnete sich gestern einfach ein Wolkenfenster und ein besonders helles, strahlendes Licht schien hindurch, strahlte auf beide, erhellte ihr Gemüt und brachte Klarheit in ihren Alltag wie das Licht des Leuchtturmes in der Nacht.

Die Sonne scheint und es ist unglaublich warm für diese Morgenstunde. Sie raucht eine Zigarette und genießt den ruhigen Ausblick auf das Meer. Sie kann an diesem stillen besonderen Ort die Sonnenstrahlen auf ihrer Haut spüren. Einerseits ist sie glücklich und zufrieden mit ihrer jetzigen Situation. Doch andererseits zieht sie eine innere, tiefe Sehnsucht hin zu etwas anderem, zu diesem Gefühl von Innigkeit und Wertschätzung, Nähe und Zweisamkeit. Sie kann es sich nicht erklären, warum.

Es ist doch noch gar nicht so lange her, da war das Alleinsein ihr größtes Glück. Jetzt passiert etwas anderes in ihr. Was ist das? Sophia schaut in die Natur und denkt über ihre Gefühle nach. Was ist das Neue in ihr? Sie will mehr! Aber was ist das bloß? Liebe und Zweisamkeit haben ihr lange in dieser Form gefehlt, obwohl sie es nicht zugeben wollte. Sophia zieht an ihrer Zigarette und spürt, dass sie gerade jetzt gerne in seinen Armen liegen würde. Ihn gerne sehen würde und ihn in ihrer Nähe wüsste. Konstantins liebevoller Blick hat sie gestern Abend sehr glücklich gemacht.

Noch immer ist sie durcheinander. Es ist anders als sonst, sie spürt den starken Sog zu ihm, doch sie macht sich auf den Weg durch den wunderschönen Pinienwald.

Nun erreicht sie den sonnendurchfluteten, ruhigen Wald, den sie schon kennt. Die gute Luft beruhigt sie und macht sie froh und glücklich. Die Sehnsucht nach der Natur ist immer magisch. Die Stille und Ruhe, die ihr die Natur schenken kann, sind stets Energielieferanten. Ihr Herz füllt sich mit der Kraft der Sonne. Sie fühlt sich stark und nimmt das strahlende Leuchten mit ganzem Empfinden und in voller Freiheit und Lebensfreude in sich auf. Einige Augenblicke verharrt sie in diesem Glücksgefühl, ohne ihre Gedanken abschweifen zu lassen.

Doch etwas vermisst sie. Konstantin mit seiner Freundlichkeit und Wärme. Im selben Augenblick will sie hingegen allein sein und ihren Gedanken freien Lauf lassen. Etwas wandelt sich in ihr, nur kann sie es noch nicht benennen. Ihre alten, lieb gewonnenen Gewohnheiten scheinen sich zu verändern. Sie wird ruhiger und ruhiger, doch sie ist verwirrt. Was geht da vor sich? Alleinsein ist ein Teil ihres Lebens geworden, doch seine Nähe war Sophia so angenehm, dass sie gerne seine Hände gespürt hätte, sein Lächeln angeschaut, seinen guten Erklärungen gelauscht und Zweisamkeit der Einsamkeit vorgezogen hätte. Sie atmet tief ein und aus, mehrmals hintereinander, bis sie erkennt, dass es sein Wesen ist, das sie anzieht.

Er fordert nicht, sondern ist einfach nur da, ist einfach nur er selbst. Er nimmt Sophia so, wie sie ist. Er schätzt ihre Art und ihre Selbstverständlichkeit mit dem Leben umzugehen und alleine mit allem zurechtzukommen. Sie ist beschützt und geführt durch Gottes Hand.

Ihr Alleinsein hat sie stets als Bereicherung gesehen. Er bewundert ihre gute, stabile Eigenliebe, wodurch sie sich nicht allein fühlt und ihr Alleinsein nicht langweilig oder belastend wird. Sie spürt jedoch in ihrem Herzen, dass da ein Verlangen nach Zweisamkeit in ihr aufkeimt. Wie eine kleine Blume, die in ihrem Herzen erblüht, wächst und Beachtung einfordert. *Ist beides nebeneinander möglich?* Sie weiß es nicht. Zu lange ist sie ausschließlich mit sich selbst zufrieden und glücklich gewesen. *Ist es überhaupt wieder möglich, zu zweit zu sein? – Zweisamkeit trotz Alleinsein? Zweisamkeit statt Alleinsein? – Ist es möglich, Gemeinsamkeit mit der Freiheit des All-ein-Seins zu erleben?* Viele Fragen sind in ihrem Kopf.

Sie weiß nicht, wie viel Zeit vergangen ist, als das Bellen eines kleinen süßen Hundes sie aus ihren Gedanken reißt. Voll Liebe schaut sie auf diesen frechen Störenfried und muss lachen, denn er vollführt phänomenale Kunststücke der Freude vor ihr. Zuerst rollt sich dieser entzückende Freund genussvoll im Sand, krault sich dabei seinen Rücken und strampelt mit seinen kurzen Beinchen. Dann springt er auf, beutelt sich wie wild und rennt im nächsten Moment seinem Schwänzchen hinterher. Währenddessen heult er laut vor Freude über das Wiedersehen. Sophia erkennt den Kleinen sofort, denn er saß bei ihr auf den Steinen beim Leuchtturm.

„Wo kommst du denn her?", will Sophia wissen, während sie den Frechdachs streichelt und hinter seinen Ohren krault. Der weiße Hund bellt noch ein paar Mal, als ob er meinte, sie solle mitkommen, dann rennt er aber weiter Richtung Leuchtturm.

Sie setzt ihre Motorradfahrt fort, denn sie muss erst ein paar Stunden für sich sein, um sich im Klaren zu werden, was da gerade alles vor sich geht und ob sie das auch will und zulassen kann.

Als die Türe des Leuchtturms ins Schloss fällt, erwacht Konstantin und bemerkt, dass Sophia gegangen ist. *War das alles ein Traum?*, fragt er sich. Ein Gefühl göttlicher Glückseligkeit breitet sich in seinem Körper aus. Absolute Realität, knapp bevor Konstantin anfängt zu denken, präsentiert sich seinem Bewusstsein. In diesem kurzen Moment ist er ganz hier. Er schöpft es so lange wie möglich aus, wirklich wach zu werden, und bleibt mit geschlossenen Augen am Sofa liegen, träumt seine wunderbaren Gedanken noch weiter und hört die Vögel zwitschern. Der Morgen ist noch sehr jung.

Was ist gestern geschehen? Kam da ein Engel zu ihm geflogen? Wer ist diese Sophia eigentlich? Sie haben so viel geredet, und doch weiß er fast gar nichts über diese Frau. Er weiß nur, wie herrlich entspannt und aufgenommen er sich in ihrer Nähe fühlte. Er ist im Glück, diese Frau gestern so lange umarmt zu haben.

Wo ist sie nur jetzt? Er kann noch ihr Motorrad hören, als es sich entfernt. Warum ist sie nicht geblieben und hat mit ihm geredet? Zum Glück tauschten sie gestern noch ihre Telefonnummern. Er will sie bald anrufen.

Ein unbekanntes schönes Gefühl macht sich in seinem Körper breit. Es war lange vergessen, aber wunderschön! Es ist nicht vergleichbar mit dem Gefühl bei den vielen Geliebten vor einem Jahr. Sie konnten ihm dieses Gefühl nie schenken. Da war immer nur Leere. Nach der körperlichen Liebe blieb nichts bestehen, das von ihm fortgesetzt werden wollte. Vielleicht noch ein zweites Treffen, aber dann war es gut, etwas Neues zu suchen, um eventuell wieder diesen Kick zu erhalten. Aber es war nur der Anfang vom Ende. Bis er gar nichts mehr spüren konnte. Er zog sich immer mehr von der Außenwelt zurück in eine nebelverhangene Sichtweise hinter dem Schleier der Depression und Traurigkeit.

Diesmal ist das zum Glück anders. Liegt es an der Luft Griechenlands oder an seiner Entwicklung, seitdem er hier ist? Er weiß es nicht. Das Einzige, das er weiß, ist, dass ihm Sophia in diesem Moment abgeht. Es ist so ein wunderbares Gefühl, das er immer wieder erleben will und das ihn glücklich macht.

Als Sophia zu Hause in ihrem Appartement ankommt, räumt sie die hinterlassene Unordnung auf und isst eine Kleinigkeit auf ihrer wunderschönen Terrasse. Sie beobachtet die Umgebung und geht mit ihren Gedanken noch einmal zu dem erholsamen Abend mit Konstantin. Große Sehnsucht überkommt sie und sie greift zum Telefon. Er freut sich sehr über ihren Anruf und sie plaudern lange. Nach einiger Zeit meint Konstantin:

„Freudig das Geschenk des Lebens anzunehmen heißt auch, mit den beliebigen Veränderungen, die das Leben mit sich bringt, zurechtzukommen. Die Kräfte, die unsere Welt bestimmen und den Ablauf der Zeit, die alle Ereignisse in unserem Leben festlegen, sind von einer unsteten Beschaffenheit und von Veränderungen gekennzeichnet."

Da antwortet Sophia: „Das Leben heißt Veränderung und daher unterliegt alles einem Wandel! Verändert sich einer in einer Beziehung, muss der andere notgedrungen auch eine Korrektur vornehmen, da es sonst nach einiger Zeit meist nicht mehr funktioniert. Dies macht es unmöglich, dass eine Situation, eine Liebe, eine Beziehung, eine Partnerschaft für uns Menschen immer das bleibt, was es war. Ein Mönch, er heißt Dimitri, sagte einmal zu mir: ‚Gehe ins goldene Licht von Gott und spüre das feine Gefühl, als umarmte eine Mutter ihr Kind, und er tröstet uns durch sein bloßes Dasein.' Empfinde die Zufriedenheit und genieße, nichts mehr zu wollen. Die Begehrlichkeiten sind unendlich – sich mehr und mehr anzueignen und der Welt eine bedeutungs-bereichernde Zeit abzutrotzen sind nur von kurzer Freude begleitet. Nach einiger Zeit empfinden wir trotzdem Unzufriedenheit. Von der Unzufriedenheit unbarmherzig dazu getrieben nach weiteren Freuden zu haschen, die immer schwerer zu erreichen und zu ertragen sind. Denn auch wenn uns selbst das Bereiten von Freude keine Zufriedenheit mehr schenken wird, war es doch unsere größte Freude, anderen zu helfen und anderen Freude bereiten zu können, die Freude in den Augen anderer sehen zu können und dabei Glück zu empfinden und tiefe Zufriedenheit. Das Geben sollte uns wichtiger sein als das Nehmen. Viele sind auf der Suche nach dem Geheimnis des Glücks und denken, man müsse die eigenen Bedürfnisse befriedigen und nicht diejenigen der anderen, um wahrhaft glücklich zu werden. Man müsse nehmen und nicht geben, um das Glück zu empfangen. Aber genau da liegt das Missverständnis."

Daraufhin sagt Konstantin: „Wir verbinden uns mit Freunden, Angehörigen und Partnern und finden aneinander Trost, Unterstützung und Gesellschaft. Dann reißen uns die Kräfte des Lebens wieder unweigerlich auseinander. Es gibt niemanden hier auf dieser Erde, mit dem wir für immer beisammen bleiben könnten. Niemanden, der mehr als nur einige oder mehrere Schritte des Weges mit uns gehen könnte. Dann wird man unerbittlich in eine Zukunft vollkommenen Alleinseins geworfen. Du wirst allein geboren und du wanderst immer wieder allein durch dein Leben, bis du am Ende allein ankommst."

Er spürt ihre Sehnsucht und es geht ihm nicht anders. Sie wollen beieinander sein. Sie möchten nicht mehr allein durchs Leben wandern in diesem Moment, sondern gemeinsam. Er bemerkt den Wandel in ihrem Herzen. Wird sie ihr Leben ändern? Wird er sie bezaubern können? Noch kann man es nicht wissen. Ein Anfang wäre allerdings gemacht. Liebe umgibt die beiden in ihrem Gespräch. Eine Liebe ohne Besitzanspruch. Das Leben soll eine Lichtspur sein. Alles, was man anpackt, soll mit Freude, Liebe, Kraft und Spaß erfolgen. Jeder soll sich ermutigt fühlen, den Weg zu sich selbst zu gehen, aktiv zu werden und die Zeit des eigenen Lebens bestmöglich zu nutzen. Alles, was einem vom Leben geschenkt wird, umzusetzen, einzusetzen und anzunehmen. Genauso, wie es kommt, und versuchen, es nicht zu beurteilen. Sich hinzugeben heißt, ein Band zu knüpfen, in Verbindung zu treten mit dem anderen, Liebe zu erfahren und zu geben. Energie beginnt zu fließen zwischen zwei Menschen.

Nach ihrem liebevollen Telefongespräch denkt er an Lieder, die seine Gefühle für sie ausdrücken könnten. Er hat Musik im Kopf und lässt sich nun ganz darauf ein.

- „I love you to want me"
- „I wanna wake up with you"
- „I wanna feel every beat of your heart"
- „All my love inside had been sleeping, waiting for the right one coming along"
- „I want you to be the first thing that I see"

Übung 13 – Schweigen – ein neuer Plan

Schweigen erfordert Übung. Es ist hilfreich das Schweigen in den Tagesablauf zu integrieren. Meditationen oder Yogaübungen zu machen ist hilfreich, aber nicht unbedingt notwendig. Einfach Luftschlösser zu bauen oder die Wolken zu beobachten, wie sie weiterziehen, bringt auch eine Erfahrung der Stille. In unserer Zeit sind Augenblicke der Stille oft besonders berührende Momente und viele spüren die Kraft, die darin liegt, und wie dann der Stress dabei verfliegt.

Nach einiger Übungszeit fällt uns auf, in wie vielen Lebenssituationen es eigentlich besser wäre, nichts zu sagen und stattdessen einige Atemübungen zu machen.

Schweigen ist eine Sprache, die nur wenige beherrschen, die aber erlernbar ist.

Wann und wo liebst du es zu schweigen und die Stille zu genießen?

Wie könntest du das Schweigen und die Erfahrung der Stille in deinen Tagesablauf einbauen?

14 LEBENSÄNDERUNG

Sie sitzt auf ihrer Terrasse und kann lange keinen klaren Gedanken fassen. Sie will einfach in sich hineinspüren und Stille walten lassen, um sich zu beruhigen. Es ist ihr fast unmöglich. Sie ist so aufgeregt, ihre innere Unruhe beschäftigt sie so sehr, wie sie es kaum jemals erlebt hat.

Sophia ist angespannt und weiß nicht genau, warum. Sie hat ihr Leben so gut im Griff, ist selbständig und frei. Es machte sie glücklich und zufrieden, als Konstantin ihr am Abend und in der Nacht all sein Begehren und seine aufflammende Liebe zeigte. Er liebkoste ihren Körper und ihre Seele, küsste und streichelte sie auf eine besondere, unglaubliche Weise und löste pure Entzückung in ihr aus, bevor sie in enger Umarmung einschlief, wie in einem Traum.

Sie ist fasziniert von seiner Art, genauso wie er von ihr. Seine Anwesenheit löste etwas in ihr aus. Trotz seiner Gegenwart, die sie sehr glücklich macht, spürt Sophia, dass da etwas ist, was sie nicht in Worte fassen kann. Etwas Neues. Eine innerliche Unruhe. Etwas sprudelt in ihrem Inneren, etwas ist im Umbruch.

Nach dem langen Telefonat wird Sophia vieles klarer, sie hat eine neue Idee und vielleicht eine Lösung auf ihre Fragen. Ein neuer Weg öffnet sich vor ihren Augen, der bis dahin unsichtbar war. Es geht ihr im wahrsten Sinne des Wortes ein Licht auf!

Die Geschichten, die ihr andere Menschen erzählten, bestärkten Sophia den Weg zum Ich zu gehen. Viele Menschen leiden darunter, wenn sich das Leben ändert oder, besser gesagt, die Lebensumstände sich ändern. Wenn eine Krankheit, eine Trennung, ein Schicksalsschlag sie trifft, fallen die meisten in eine tiefe Dunkelheit, werden unsicher, depressiv, krank oder fühlen sich ungeliebt.

Sie halten aber stets an ihren Verhaltensmustern und Lebensweisen fest, als wäre nichts passiert. Sie klammern sich noch an Menschen, die bereits gegangen sind, oder an Umstände, die sich bereits total verändert haben. Jeder hat schon einmal Schmerz erlebt, aber es hilft nichts. Je mehr wir uns festhalten und klammern, umso mehr äußern sich ungünstige Symptome wie Groll, Hass, Ärger oder auch körperliche Beschwerden und Ähnliches, die die Situation nur verschlimmern.

Sophia hat schon lange erkannt: Erst wenn man das, was vorbei ist, wirklich gehen lässt und loslässt, kann die neue Situation oder das, was im Leben eingetreten ist, akzeptiert und mit Liebe getragen werden. Wie schlimm oder neu es auch war, Sophia lernte damit umzugehen. So oft erlebte sie dabei, dass sich auch die negativen Begleitumstände in positive wandelten und das Leben neu und lebenswert machten. Das Leben selbst hatte dann wieder die Chance, mit all seinen Möglichkeiten, Kostbarkeiten, Wundern, Schätzen und Sensationen zu glänzen und neu betrachtet zu werden. Plötzlich erkennt sie ein Licht am Ende des Tunnels und kann wieder zauberhafte Momente wie diese wahrnehmen:

- o Das Glitzern der Sonne im Wasser.
- o Den Baum auf der Wiese mit all seiner Kraft und Größe – jeder überstandene Sturm hat ihn noch mehr gestärkt.
- o Die Berge im Schatten der untergehenden Sonne, die seit Tausenden von Jahren schon bestehen!
- o Die Freude in den Augen der Menschen, wenn man ihnen positiv begegnet und den Schritt zu ihnen wagt, um sie ihre Geschichte erzählen zu lassen.

Sophia erkennt, dass jede Begegnung mit einem Menschen Sinn hat, und dieser lässt uns auf dem Weg zum Licht reifen. Menschen, die uns bewundern und loben, empfinden wir als Labsal. Sie sind auch hilfreich, damit wir uns wieder aufrichten können nach der Dunkelheit einer Depression. Diese Menschen trösten die angeschlagene Seele und helfen ihr beim Heilen. Es ist so wichtig, dass wir uns selbst herausziehen aus der Dunkelheit, heraussteigen und uns neu machen.

„Lass uns stets mit etwas Neuem anfangen, nach vorne blicken und einen Neustart wagen. Jeder Weg beginnt mit dem ersten Schritt", sagte vor Jahren schon ihr Freund, der Mönch Dimitri. Sophia ist nachdenklich und doch voller Freude in ihrem Herzen. Sie erkennt, dass die Menschen, die uns kritisieren und an uns schleifen, die eigentlichen Helfer auf unserem Weg zum Lebensziel sind. Diese sind auch mutiger und fordern uns heraus, etwas an uns zu verändern, in Bewegung zu bleiben, weiterzugehen oder etwas neu zu machen. Altes abzulegen und ganz ins JETZT zu kommen. Da fällt Sophia wieder Dimitri ein, der einmal meinte: „Öffne deine Augen! Schaue in die

Welt und versuche in den kleinen Dingen die wunderbarsten Zeichen zu entdecken, die dir das Leben jeden Tag schenken möchte."

Sie fühlt sich glücklich, möchte die Augen öffnen und hinschauen. Mit einem tiefen Atemzug macht sie sich frei für Neues. Sie denkt an all die Menschen, die sie im Laufe ihres Lebens begleitet haben und die nicht dafür bestimmt sind, für immer bei ihr zu bleiben. Sie ist dankbar für jede Begegnung, ganz egal, wie sie sie beeinflusst. Zusammen oder allein die nächsten Schritte zu gehen und neue Wege einzuschlagen beflügelt sie immer wieder und gibt ihr neue Kraft. Es sind so viele positive Erfahrungen in ihrem Leben, weil sie mutig ist, wie ein Stehaufmännchen immer wieder den Staub abzuschütteln, die Krone zurechtzurücken und weiterzumachen. Für Sophia ist es entscheidend, dem eigenen Lebensweg zu folgen, mit oder ohne nahe Begleitung eines anderen Menschen. Das Alleinsein hat sie lieben gelernt.

Alles braucht seine Zeit. Wenn wir offen bleiben, werden wir vielleicht nach ein oder zwei Umwegen doch erkennen, wo der richtige Weg ist. Alle Begegnungen auf unserem Weg zum Ziel im Leben sind wichtige Stationen, ohne die wir nicht der Mensch wären, der wir sein sollen. Manchmal muss man Abschied nehmen können von Menschen, die uns ein Stück des Lebens unterstützt und begleitet haben, denkt Sophia.

Sie weiß, dass das auch sehr schmerzlich sein kann. Sie hat so oft darunter gelitten, aber trotz allem ist es unentrinnbar, sich danach wieder aufzurichten, um einen neuen Weggefährten auf dem Weg zum Lebensglück und Lebensziel zu finden. Dieser Lebensgefährte muss nicht zwingend ein Partner sein, sondern ein Mensch, für den wir Verantwortung übernehmen möchten, weil wir ihn lieben und schätzen durch die Art und Weise, wie er mit uns spricht und mit uns umgeht. Jeder Lebensabschnitt bringt uns unserem Ziel näher, damit unsere Lebensgeschichte in Erfüllung geht.

Alle Lebensabschnitte Sophias waren manchmal anstrengend und mühevoll, aber auch immer eine große Freude, denn sie brachten Veränderung und neue Begeisterung für Menschen und Dinge. Doch wie auch immer unser Leben verläuft, jeder muss die letzte Etappe seines Lebens alleine gehen.

Sophia trinkt ihren Kaffee aus, denn nun möchte sie etwas unternehmen. Sie liebt den Blick in die Ferne und auf das Meer und es inspiriert sie beim Nachdenken. Sie weiß nun ganz genau, was sie will. Die Zeit des Alleinseins ist vorbei. Nun ist der Moment gekommen, etwas an ihrem Leben zu ändern. Sie möchte ihr Leben in Zweisamkeit neu gestalten. Sie will sich auf eine Beziehung mit Konstantin einlassen, weiß jedoch noch nicht, wie. Heute Morgen sind ihr selbst ihre Gefühle unheimlich.

Sophia umarmt nun in Gedanken ihr ganzes bisheriges Leben und ihr Denken. Sie lässt ein Lächeln über ihre Lippen kommen und erinnert sich an die bisherigen Werte und an all die unendlich vielen Glücksmomente, die sie im Paradies Alleinsein erleben durfte.

Übung 14 – Änderung der Lebensumstände und Werte

Ehrlichkeit steht am Beginn. Wir müssen niemandem etwas beweisen. Das lässt uns vielleicht erkennen, dass die Balance zwischen Anforderung und Ressourcen nicht ausgeglichen ist. Viele Menschen haben ein starkes Bedürfnis nach emotionaler Geborgenheit und Sicherheit, und doch verändert sich das ganze Leben, wenn eine Bindung zerbricht oder neu beginnt. Bei oberflächlichen Beziehungen sind Sicherheit und Schutz leider nicht vorhanden, aber auch in manchen Partnerschaften schaffen wir es nicht, Liebe und Ruhe zu geben und zu empfangen. Dazu gibt es einige Faktoren:

- Verlust eines lieben Menschen
- Explosive Reizüberflutung
- Galoppierender Werteverfall
- Zunehmende Sinnentleerung
- Fehlende seelische Wärme und Zuwendung
- Schnelllebigkeit
- Anonymität

Nun ist der Moment da, die eigenen Werte durchzustöbern, anzuschauen und neu zu überdenken!

- o Welche Werte sind mir wichtig?
- o Welche Werte haben immer noch Bestand für mich?
- o Von welchem Wert, der mir in meinem Leben geholfen hat, den ich jedoch jetzt nicht mehr brauche, konnte ich mich noch nicht lösen?
- o Ändern sich die Lebensumstände, ändern sich meist auch die Werte!
- o Was uns früher noch wichtig war, hat vielleicht heute keine Gültigkeit mehr oder weniger Bedeutung!
- o Was kann ich aufgrund der geänderten Lebensumstände an meinen Werten ändern? Was möchte ich in Zukunft loslassen?

15 VERWUNDERUNG

Sophia verbringt den Vormittag nach einer langen Zeit des Nachdenkens und der Stille in Michaelis schöner Strandbar mit vielen Bananenpalmen rundherum und nahe am Meer. Sie wird wieder mit herrlichem Essen und Kaffee verwöhnt. Der weiche Sand ist wie ein Tepidarium für Sophia und sie liebt es darin zu liegen und mit den Händen und Füßen zu graben. Zeit zum Nachdenken, Zeit zum Wahrnehmen der eigenen Lebenssituation, Zeit zum Reflektieren, Zeit für sich und die eigene Pflege und das Wohlbefinden. Zeit, um der eigenen Seele zuzuhören.

Ihre Gedanken kreisen immer wieder um diesen feschen Österreicher in dem zauberhaften Leuchtturm. Sie will ihn unbedingt heute nochmals aufsuchen, um weiter mit ihm zu plaudern, falls er Zeit hat. Auch ihre Sehnsucht ihn wiederzusehen, wächst mit jeder Minute. Hat sie sich gar verliebt?

Mike, wie sich Michaelis auch nennt, setzt sich zu ihr und grinst ihr ins Gesicht.

„Na, du siehst aber glücklich aus! Was hast du erlebt? Was hat sich verändert, liebe Sophia?"

Sophia grinst auch und kann damit gar nicht mehr aufhören.

„Gestern wollte ich eigentlich meine Freundin Agapi besuchen, doch irgendwie führte mich der Weg woanders hin und ich wurde auf seltsame Weise gefunden, obwohl ich mich doch verirrt hatte."

Mike versteht gar nichts und deutet mit seinem Gesicht ein großes Fragezeichen. „Langsam, langsam, bitte! Eines nach dem anderen! Du wurdest gefunden und hast dich eigentlich verirrt und siehst deswegen so strahlend aus?"

Sophia rutscht auf ihrem Sessel hin und her.

„Das Unmögliche kennt keine Grenzen. Was ich für eine Grenze hielt, stellte sich als Horizont heraus. In der Hoffnung auf Überraschungen fuhr ich hellwach hinaus auf meine Entdeckungsreise. Es ist ein angenehmes Wohlfühlen auf dem Weg zu sein. Weiterzugehen und weiterzugehen, von Horizont zu Horizont." Jetzt versteht Michaelis noch weniger. „Was meinst du nun wieder damit? War die Überraschung ein Er?"

Da sagt Sophia: „Es gibt Augenblicke, in denen ich selbst von der Fülle des Lebens überwältigt bin. Der Geschmack dieser Augenblicke erweckt in mir eine Leidenschaft für das Leben mit seinen schier grenzenlosen Möglichkeiten. Dankbarkeit bringt Erfüllung und ist eine einfache Antwort auf das uns gegebene Leben in Fülle."

„Das kann ich verstehen, denn es ist die Freude mutigen Glaubens, wenn wir uns auf die Zuverlässigkeit im Herzen aller Dinge verlassen. Es ist die Freude der Dankbarkeit, umarmt von der Fülle des Lebens. Aber wie hast du das erleben dürfen?", bleibt Mike beharrlich.

Da erzählt Sophia was alles passiert ist und wie glücklich sie sich nun fühlt. Sie strahlt genau das Glück aus, das Mike sofort an ihr entdeckt hat.

Er freut sich für sie und meint: „Wenn Glaube das Vertrauen in den Geber aller Gaben ist, nämlich Gott, dann ist Hoffnung die Offenheit für Überraschungen! Die größte Überraschung ist aber Gott in uns selbst zu begegnen und in anderen Menschen." Genau das spürt Sophia gerade in ihrem Herzen.

Dann sagt er noch: „Mach dich auf den Weg! Gehe! Fahr los! Die Zukunft hat ihren Anfang in dieser Stunde. Du findest Gott nicht im Sitzen und Stehen! Tanzen, das ist Gottes Art zu sprechen und zu beten. Im Fest geben und nehmen wir. Dankbarkeit ist der Name für das Leben in Fülle. Aber das weißt du ohnehin!"

Das lässt sich Sophia nicht zweimal sagen. Sie packt ihre Sachen schnell zusammen, setzt sich auf ihren Roller und braust los, von ihrer Sehnsucht getrieben, wieder zu ihm zu kommen und in seinen Armen zu liegen. Auch das heutige Erlebnis und ihre neuen, unbekannten und sensiblen Gefühle will sie mit Konstantin besprechen. Ihr Wünschen und Verlangen zeigt die Ruhelosigkeit in ihrem Herzen. Sie will so gerne mit ihm eine Entspannungsmeditation machen, wie sie es gestern besprochen haben. Die Fahrt ist wundervoll. Bei sonnigem Wetter, leichtem, warmem Wind und angenehmen Temperaturen summt sie ein Lied vor sich hin und lächelt voller freudiger Erwartung in ihrem Herzen. Die sandige, staubige Straße kennt sie nun schon recht gut, genauso wie das kleine Wäldchen, das sie durchfährt.

Als sie beim Leuchtturm ankommt, steht ein Auto am Ende der Straße. Sie ist verwundert. Hat Konstantin vielleicht Besuch? Als sie ihr Motorrad abgestellt hat, hüpft sie voller Vorfreude auf den Leuchtturm zu. Sie klopft an die Tür, öffnet sie dann und steigt die Treppen empor.

Sie ist erstaunt, als sie einen alten Mann am Sofa sitzen sieht, und erstarrt. Mit dem hat sie nicht gerechnet. Wo ist Konstantin? Wer ist dieser Mann? Viele Gedanken schießen gleichzeitig durch ihren Kopf. Nun ärgert sie sich, dass sie vorher nicht angerufen hat, um sich anzukündigen. Aber sie wollte ihn ja überraschen. Der Mann sieht sie verdutzt an, weil sie so fröhlich hereinstürmte, fast als ob sie hier zu Hause wäre. Bald stellt sich heraus, dass er Konstantins Onkel ist. Und auch für Jannis, so heißt der Mann, ist bald klar, wer Sophia ist und dass sie auch aus Österreich stammt. Da ist das Eis gebrochen und er lädt sie ein, Platz zu nehmen, um zu plaudern. Er kann nicht so gut Deutsch, aber ein wenig klappt es doch. Als Erstes will Sophia wissen, wo Konstantin ist und was passiert ist. Da sagt Jannis:

„Er musste ganz dringend in die Hauptstadt der Insel, nach Heraklion, um etwas Berufliches zu klären. Und so bat er mich die Stellung hier zu halten. Denn heute wird ein Sturm kommen und wir müssen aufpassen. Die Untiefen draußen im Meer sind gefährlich für die Schiffe! Es sind schon viele Schiffe verunglückt und auf Riff gelaufen."

Sophia bemerkt, dass Jannis sehr charismatisch und eine besondere Persönlichkeit mit viel Erfahrung und Wertschätzung ist. Sie sieht das in seinem von vielen Falten gezeichneten Gesicht und in seinen liebevollen Augen. Sein respektvolles Verhalten und seine ruhige Art fallen ihr auch sofort auf. Sie trinken griechischen Kaffee und er beginnt von seinen Reisen zu erzählen: „Auf meinen vielen Reisen durch die Welt habe ich nicht nur viel gesehen, sondern auch immer weniger Gepäck mit mir herumgetragen. ‚Lass alles Gepäck liegen, das dir zu schwer wurde', habe ich oft zu mir selbst gesagt. Dann habe ich stets etwas abgelegt, was mich belastet hat und bin meinen Weg leichter und als freier Mensch weitergegangen. Meine Last ist leicht geworden! Ich konnte sie mir zumuten und ich konnte sie bewältigen."

Sophia hört aufmerksam zu und ist fasziniert von den Erzählungen des alten Mannes. So hat sie das Reisen noch nie gesehen.

„Kann man das Reisen durch die Welt mit dem Reisen durchs Leben vergleichen und es vielleicht auch angenehmer und komfortabler mit leichtem Gepäck gestalten? Sich einfach befreien von Altem, das ausgedient hat und nicht mehr in das heutige Leben passt? Sich auch von alten Lasten der Vergangenheit befreien, wie von zu viel Gepäck, das wir mit uns herumschleppen?"

„Das könnte sicher funktionieren!", meint Jannis. „Denn bereit für die Zukunft, für Neues, bist du dann, wenn du bereit bist, Gepäck abzulegen. Je schwerer das Gepäck, desto kürzer wird der Weg sein, den du bewältigst. Wenn die Last zu schwer ist, erreichst du am Ende nichts mehr. Du verlierst am Ende alles, was du hast."

Sophia ist begeistert von den Aussagen des außergewöhnlichen Mannes und er setzt fort:

„Das Erbe der Vergangenheit aufgreifen, mit dem Respekt eines Menschen, der weiß, dass es etwas von ihm selbst ist. Mit der Demut und mit der Überzeugung, dass er daraus zu lernen hat, und in dem Bewusstsein es bereichern zu müssen durch persönlichen Einsatz, um es so den künftigen Generationen weiterzugeben. Geld und Ballast bindet nur unser Herz!"

Sophia fragt: „Aber wie können wir dieses gute Gefühl auch ganz bewusst spüren und wahrnehmen, wenn wir Ballast abgeben?"

„Vernachlässige alles, was nicht wichtig ist, und umgib dich mit fröhlichen und optimistischen Menschen, Griesgrame kann niemand gebrauchen. Genieße die einfachen Dinge des Lebens. Lache dein Leben lang oft und laut! Umgib dich mit dem, was du liebst! Dein Zuhause ist dein Reich. Bewahre und achte auf deine Gesundheit. Reise in Gegenden, die deine Seele erhellen. Sage bei passender Gelegenheit den Menschen, die du liebst, dass du sie liebst! Das Leben wird nicht an den Atemzügen gemessen, sondern an den Momenten, die uns den Atem raubten." Dann lächelt Jannis verschmitzt, als ob er schon viele atemlose Glücksmomente in seinem Leben erlebt hätte, und nippt an seinem Kaffee, ehe er weiterspricht. „Die Zukunft wird zeigen, was in dir gewachsen ist. Du bist der Acker, und was gewachsen ist um dich und durch dich, wird sich am Ende zeigen!"

„Aber was kann ich tun, wenn da eine ausweglose, verworrene Situation in mein Leben kommt und sich anfühlt wie sehr schwerer Ballast? Oder auch, wenn ein lieber Mensch krank oder in Gefahr ist und ich nichts für ihn tun kann? Wie sollen wir da Ballast abwerfen?", will Sophia noch wissen.

„Dann sollten wir uns ganz auf das konzentrieren, was Gott im Augenblick von uns erwartet. Arbeit, Haushalt, Menschen in meiner Umgebung versorgen, Gebete, in die Natur gehen, denn für das andere wird Gott sorgen. Legen wir also in alles unsere Liebe und die Sorgen in Gottes Hände. In das Lächeln, in die Arbeit, in die Tränen, die wir vergießen für unsere leidenden Mitmenschen, in das Spielen eines Instruments, in das Schreiben eines Buches. Alles, wirklich alles kann Ausdruck unserer Liebe zu Gott und den Menschen werden. Dann werden sich auch alle Knoten wieder auflösen wie von Zauberhand."

Der Wind wird tatsächlich immer stärker und Sophia möchte lieber nach Hause fahren und Jannis nicht weiter stören. Er muss sich nun bereit machen, um alles zu sichern und das Licht einzuschalten. Sie verabschieden sich und bedanken sich für das schöne Gespräch. Und wieder erscheint ein heller Lichtstrahl aus diesem magischen Leuchtturm in ihr Herz. Es fühlt sich so ähnlich an wie gestern mit Konstantin, und doch ganz anders. Der Sturm wirbelt den Sand durcheinander und die Bäume biegen sich wild. Die Gischt der Wellen ist bis ans Ufer zu spüren. Sophia hat ihre liebe Not. Der Sand kommt trotz Brille in ihre Augen. Sie muss öfter eine kurze Pause einlegen, um wieder den Pfad zu sehen. Was braut sich da zusammen, und wo ist Konstantin so lange? Wann wird er wiederkommen? Was muss er tun? Sophia macht sich einige Gedanken über ihn und den Sturm. Hoffentlich bleibt der kräftige Wind nicht die ganze Nacht und bringt vielleicht sogar schlechtes Wetter.

Übung 15 – leichtes Gepäck

Wie geht es dir mit deinem Gepäck im Leben? Reist du gerne? Wenn ja, ist es dir immer eine Last deine Koffer zu packen?

Oder ist es eine Leichtigkeit, das Wichtigste rasch in eine bequeme Tasche zu geben, und du bist startklar?

Wie könntest du komfortabler und vielleicht auch angenehmer mit leichtem Gepäck durch dein Leben reisen?

Was passt nicht mehr in dein heutiges Leben? Wovon möchtest du dich am liebsten befreien?

Was steht bei dir noch herum, das schon lange ausgedient hat?

Es wird Zeit, sich von alten Lasten der Vergangenheit zu befreien, wie von zu viel Gepäck, das wir mit uns herumschleppen, damit das Leben wieder an Leichtigkeit gewinnt.

16 AGAPI

Da Konstantin nicht anzutreffen war, will Sophia den restlichen Tag dazu nützen ihre Freundin Agapi zu besuchen. Sophia weiß ja nun, wo sie falsch abgebogen ist. Während der Fahrt muss sie aufpassen, denn der Sturm wird immer heftiger und starke Windböen kommen ans Land.

Sicher und unbeschadet erreicht sie das kleine Restaurant in der Nähe des Strandes. Sie kommt genau rechtzeitig, denn Agapi hat alle Hände voll zu tun, die Tische abzuräumen, die Schirme einzuklappen und alles vor dem Wind zu sichern. Nach einer kurzen, aber sehr herzlichen Begrüßung hilft Sophia sofort mit, alles in Sicherheit zu bringen. Zum Glück sind nicht viele Gäste im Restaurant und so sind sie bald nach innen verfrachtet und gut versorgt. Mit so starkem Wind hat Agapi heute nicht gerechnet. Normalerweise kann sie den Gartenbetrieb im Sommer fast immer aufrechterhalten. Als alles fertig weggeräumt ist, bedankt sie sich bei Sophia für das plötzliche Erscheinen zur rechten Zeit. Nun ist auch Zeit für eine ausführlichere Begrüßung, um der Freude über das Wiedersehen Ausdruck zu verleihen. Die Freude und das Strahlen kennen keine Grenzen mehr. Agapi jubelt sogar und beginnt zu singen. Sie kann gar nicht glauben, dass Sophia hier ist. Lange tauschen sie sich über Neuigkeiten aus. So vieles hat sich verändert in den letzten Jahren. Dann fragt Agapi:

„Und? Liebst du noch immer dein Paradies Alleinsein? Besonders hier auf Kreta? Oder hat sich da etwas verändert? Du siehst auf jeden Fall sehr glücklich aus!"

Da antwortet Sophia. Sie kann sich kaum mehr zurückhalten ihrer Freundin die Neuigkeiten zu berichten:

„Eigentlich wollte ich schon gestern zu dir kommen, aber aus irgendwelchen mysteriösen Gründen habe ich eine Abzweigung bei den vielen Olivenbäumen falsch oder vielleicht sogar goldrichtig genommen!" Sie lächelt süß. „Denn ich landete zum zweiten Mal bei einem Leuchtturm, den ich in den letzten Jahren noch nie bemerkt hatte. Er ist ganz in der Nähe und nicht weit von hier."

„Und? Hast du Kosta getroffen?", will Agapi wissen. Sophias Mund bleibt offen und sie fällt beinahe um vor Erstaunen. Woher kennt Agapi Kosta?

„Du kennst Konstantin? Woher? Wieso hast du mir nie von ihm erzählt? Wieso sind wir nie gemeinsam zu diesem besonderen Platz, dem Leuchtturm, gefahren? Der Sonnenuntergang dort ist einfach Weltklasse! Und nun bin ich zweimal an zwei aufeinanderfolgenden Tagen dort gelandet. Ist das Bestimmung?"

Agapi lacht und Sophia weiß nicht, warum.

„Also erstens kenne ich Konstantin schon viele Jahre, denn er besucht seine Familie hier jedes Jahr, die ich natürlich auch kenne. Wir wohnen im selben Dorf. Zweitens kommen sie oft zu mir essen, weil sie den Platz hier am Strand so romantisch finden und mein Essen lieben, obwohl sie selbst ein Restaurant haben. Drittens plauderte ich voriges Jahr oft mit Konstantin, da er sehr einsam und unglücklich mit seiner Lebenssituation in Österreich war. Er hasste sein Leben dort mit den vielen Frauen, die ihm nichts bedeuteten, und so zog er sich für vier

Monate in seinen Leuchtturm zurück, den er für seinen Onkel Jannis versorgte. Es ist ein Familienstück, um das sie sich noch immer kümmern. Manchmal sah man ihn viele Tage nicht. Sein Onkel machte sich oft Sorgen um ihn, ob er es schaffen könnte, sich aus der Einsamkeitsfalle herauszuziehen. Er unterstützte ihn dabei, so gut er konnte. Auch seine Töchter motivierten ihren Cousin am gesellschaftlichen Leben teilzunehmen. Sie schleppten ihn oft in die Stadt, was aber nur den Zweck erfüllte, dass er betrunken wieder heimkam. Er wollte niemanden kennenlernen. Sein Leben war echt an der Kippe.

So saßen wir oft bei ihm oder bei mir am späten Abend beisammen und redeten. Einmal öffnete er mir sein Herz. Tiefe Traurigkeit und Leere präsentierte er mir. Es überkam ihn immer wieder und er konnte vor Tränen nichts mehr sehen und sagen, weil er so allein war. Er war allein im Turm, allein mit seinen Gefühlen und allein mit seinen Sorgen, obwohl er genau das niemals wollte. ‚Ich habe niemanden, dem ich mich anvertrauen kann, außer Gott', sagte er mir oft. Er erzählte mir, dass nur Gott wisse, wie es ihm gehe. Da brauche er nicht viele Worte und er lege alles in seine Hände, damit es gut werden könne, meinte er. Darin bestärkte ich ihn und ich erinnerte ihn an die Liebe. Die Liebe zu allen Dingen und Menschen. So gut ich konnte, gab ich ihm Hoffnung und neuen Mut, die versperrten Türen, die nur von innen geöffnet werden können, doch wieder zu suchen und zu entsperren, damit sein Herz wieder Sonnenstrahlen und frische Luft bekommen könnte. Ihm fehlte das Gefühl von Geborgenheit und er fühlte sich verlassen und leer, obwohl er sehr verehrt und geschätzt wurde von ganz vielen Menschen. Sein Herz tat ihm weh und er fühlte sich schwer und traurig. Nur oberflächlich fröhlich zu sein mit dem Gefühl, alles wäre gut, das wollte er nicht mehr, das war nicht mehr seine Welt. Er wollte nichts mehr vorspielen, er fühlte sich emotional vernachlässigt und unbefriedigt, trotz seiner vielen Kontakte. Er war allein, leider auch oft dann, wenn er zu zweit war. Kosta konnte nicht mehr. Er war an seiner Grenze angekommen, er war ungeduldig und frustriert. Sein Lebensstil war nicht mehr das Richtige für seine Seele und das wollte er ändern, nachdem er es erkannt hatte. Es war traurig zu spüren und zu sehen, wie ein Mensch sich immer mehr zurückzieht, trotz aller Liebe und Mühe. Er war eine Zeit lang sehr schwermütig und konnte keine positiven Gedanken finden. Es war nur noch ein Anhaften an Gewohnheiten, nur noch die Schale ohne Inhalt, da war nur mehr Frust und Enttäuschung.

Die Zeit hier auf Kreta tat ihm gut und wir hatten viele lange Gespräche. Ich glaube sogar, dass ich ihn ein wenig aufbauen und stärken konnte, einen neuen Weg einzuschlagen. Am Ende konnte er sogar schon etwas scherzen und fröhlich sein. Beim letzten Sommerfest hat er sogar getanzt und war nicht betrunken.

Er gab mir stets Antworten, die das Leben schreiben, natürlich und wahr. Wahrhaftigkeit ist einer seiner Vorzüge. Einen Schritt nach dem anderen zu gehen, nie zwei auf einmal, war stets sein Leitspruch. Jeder nach seinem Tempo. Alles braucht seine Zeit. Langsam, langsam! In sämtlichen Angelegenheiten gab es bei ihm kein Halb. Entweder war es ein Ja und alles veränderte sich zum Positiven und wurde besser, intensiver und leidenschaftlicher. Oder es war ein Nein, das manchmal alles wieder schlechter, langsamer und lustloser machte. Da musste er sich eben immer entscheiden."

Sophia atmet tief ein. Damit hat sie überhaupt nicht gerechnet. Sie ist wie vom Blitz getroffen und weiß nicht, was sie sagen soll. Jetzt ist ihr auch das Gespräch mit Konstantin gestern Abend wieder klarer im Kopf. Darum weiß er so viel zum Thema Einsamkeit. Er hat es schmerzlich erlebt und weiß, wovon er spricht. Agapi heißt übersetzt Liebe. Besser konnte Konstantin seine Gesprächspartnerin gar nicht auswählen, denn Agapi ist die Liebe in Person. Sie kann alle trösten, weil sie zuhören kann und da ist. Was für ein Glück für Kosta!

Nach einer langen Pause sagt Sophia noch immer sehr betroffen: „Das wusste ich nicht, das tut mir unendlich leid für diesen Mann. Ich hoffe, er wird es schaffen neuen Mut zu fassen, nach vorne zu blicken und das Alte hinter sich zu lassen." Agapi antwortet: „Ich glaube, du brauchst jetzt einen Ouzo! Deine Gesichtsfarbe hat sich verändert. Mach dir keine Sorgen, das wird schon wieder. Wir sind hier eine große Familie, wir lassen niemanden fallen."

Bald kommt sie zurück mit zwei Gläsern Ouzo, Kaffee und Keksen. Dann fragt sie: „Also, was hast du mit Kosta gesprochen? Wie war euer Kennenlernen? Jetzt erzählst du einmal. Ich will alles ganz genau wissen. Du kannst ihm nur Freude gemacht haben, so wie ich dich kenne. Du bist bestimmt genau sein Fall."

Sie grinsen einander an, dann beginnt Sophia alles ganz genau zu erzählen. Immer wieder stellt Agapi kurze Fragen, lacht, freut sich und ist erstaunt, dass Sophia gleich über Nacht geblieben ist. Agapi spürt an der Art von Sophias Wortwahl, dass da Liebe im Spiel ist. Zumindest knistert es gewaltig. Denn sie kennt eben auch Kosta. Es ist schon sehr lange her, dass er ein Abendessen mit Wein für eine Frau gestaltete. Umso glücklicher macht es Agapi, dass Konstantin das Glück hatte, dass Sophia nicht mehr heimfahren konnte an diesem Abend und er endlich wieder die Wärme und Nähe einer Frau erleben durfte. Die Geschichte gefällt Agapi und es macht sie froh, dass es Sophia ist, die Kosta ohne ihr Zutun kennengelernt hat. Alles Weitere wird sich weisen und fügen. Die Sonne ist schon untergegangen und die Dämmerung bricht herein. Die beiden Frauen verbringen noch einen vergnüglichen Abend zusammen mit viel Essen und Trinken, als hätten sie sich erst gestern zuletzt getroffen. Auch diesmal fährt Sophia nicht mehr nach Hause, das erlaubt Agapi nicht, sondern sie bekommt ein Bett bei ihrer Freundin, wie schon so oft in den letzten Jahren. Meist nur bei Festen, aber diesmal ist das Wiedersehen wie ein Fest.

Übung 16 – meditieren – Körperentspannung

Die Offene-Augen-Meditation war die erste Übung zum Meditieren.

Nachdenken und sitzen

Sitzen und zuhören

Zuhören und schauen

Gehen und träumen

Träumen und atmen

Sich treiben lassen durch die Stadt, wie ein Blatt im Wind

Die Gedanken ziehen lassen, am besten weit, weit weg

Die Gedanken abschalten

Atmen und gehen

Gehen und schauen

Schauen und zuhören

Zuhören und sitzen

Sitzen und atmen

Eine neue Welt genießen

Nun kommt die zweite Übung, die ein wenig intensivere Entspannung bringt.

Lege dich dafür auf den Boden oder auf eine Matte, sodass die Arme seitlich neben deinem ausgestreckten Körper zu liegen kommen. Beginne mit den schon bekannten Atemübungen und entspanne deinen Körper dabei ganz bewusst bei jeder Ausatmung. Bei der großen Körperentspannung gehen wir systematisch vor.

Mit jeder Ausatmung entspanne einen anderen Körperteil mental ohne eine Bewegung.

Beginne bei den Händen eines Armes und wandere immer weiter, Stück für Stück, bis zu den Schultern hinauf, dann mache das Gleiche mit dem anderen Arm. Nun der Nacken und der Kopf, um dann über die Brust und den Bauch zu den Beinen zu gelangen. Tiefes, bewusstes Atmen lässt dich zur Ruhe kommen.

Falls unerwünschte Gedanken deine Entspannung behindern, lasse sie wie Wolken weiterziehen, halte sie nicht fest, die Konzentration liegt auf der Atmung.

Ein schönes Gedankenbild aus der Natur ist hilfreich den Zustand der Entspannung lange zu halten und im Ruhezustand zu bleiben.

17 SCHLÜSSEL ZUM GLÜCK

Sophia ist glücklich in ihrem Inneren und geht gleich am Morgen zum Meer, um zu schwimmen, wenn noch alles ruhig ist. Es erfüllt sie mit Dankbarkeit und das türkisblaue, spiegelglatte Wasser ohne Wellen erfreut ihr Gemüt. Sie genießt die Zeit im kühlen Nass und freut sich über die wundervolle Zeit. Während sie schwimmt und sich wie ein Fisch in ihrem Element fühlt, hat sie ein so herrliches Gefühl von Glück, dass die Zeit für sie stehen bleibt. Sie lässt die positiven Erlebnisse des gestrigen Tages als Film vor ihrem inneren Auge nochmals abspielen, während sie die aufgehende Sonne betrachtet. Ein Lächeln zaubert sich auf ihr Gesicht und sie spürt ein magisches Gefühl und tiefe Zufriedenheit in ihr aufsteigen über die vergangenen, wunderbaren Tage, die sie erleben durfte.

Das ist der Schlüssel zum Glück, denkt sie. *Die Macht und die Zauberkraft zu haben, die guten Gefühle im Inneren jederzeit zu erwecken. Sich auch dann an die guten Seiten des Tages zu erinnern und zu lächeln, wenn man unzufrieden ist. Denn jeder Tag hält etwas Gutes bereit. Man muss es nur erkennen und sehen. Den Tag so anzunehmen, wie er ist, denn es gibt auch ganz andere Tage.*

Sophia hat auch „schlechte" Tage, wo einfach nichts gelingen will. Alles geht schief. Sie ist dann verzweifelt und es scheint sich ihr der Boden unter ihren Füßen aufzulösen. Ängste und Sorgen verstellen ihr an diesen Tagen den Blick auf die Sonne und das Licht. Sie kämpft sich ab, ohne einen Erfolg zu sehen.

In solchen Augenblicken muss sie lächeln, denn sie erkennt sich selbst im Spiegel, erkennt, dass sie nur an die negativen, schwierigen und sorgenvollen Lebenssituationen denkt und dabei ganz auf ihre Haltung und ihre Werte vergisst, die ihr wichtig sind. Gerade wenn sie mit solchen Herausforderungen konfrontiert ist, die belastend und nicht einfach zu bewältigen sind, sucht Sophia einen ruhigen Platz auf, am besten in der Natur, um sich neu aufzuladen mit Energie.

Nach einiger Zeit winkt Agapi vom Ufer her und ruft ihr zu, es sei das Frühstück fertig und sie solle kommen. Darauf freut sich Sophia. Das griechische Frühstück bei Agapi ist das beste der Insel. Einfach köstlich! Sophia genießt die Zeit bei ihrer Freundin, ihre liebevolle Art, die Freude, bei ihr sein zu können, und auch die vielen guten Gespräche mit ihr. Als Sophia aufbrechen will, sagt Agapi zu ihr: „Bitte erzähle Konstantin nichts von unserem Gespräch und behandle ihn auch nicht anders deswegen. Bleibe, wie du bist, dann ist es auch das Beste für ihn. Du bist ein positiver Mensch mit Lebensfreude, sodass du ihn einfach mitreißen kannst. Ich glaube, das kann nur gut für ihn sein, da musst du gar nichts anderes tun, außer du selbst zu sein. Ich wünsche euch auf jeden Fall eine glückliche Zeit miteinander, weil ihr mir beide sehr am Herzen liegt. Kommt bald vorbei. Ich würde mich sehr freuen, euch begrüßen zu dürfen in meinem kleinen Reich."

Bei der besonders herzlichen Verabschiedung bedankt sich Sophia bei Agapi tausendmal für die liebevollen Worte und die großzügige Gastfreundschaft. Genauso kennt sie ihre Freundin schon viele Jahre und sie liebt sie dafür.

Als sie endlich mit dem Roller heimkommt, chillt sie noch ein wenig auf der geliebten, wunderschönen Terrasse mit einem guten Kaffee in den Händen. Ihre Gedanken sind wie gestern ganz oft bei Konstantin. Was macht er? Denkt er auch an sie? Wie geht es ihm mit seinen Schwierigkeiten, von denen sie erfahren hat? Hat er sie schon überwunden oder steckt er noch darin fest? Konnte er sich bereits aus der Einsamkeit befreien? Sie hat ihn gestern frei und unabhängig erlebt. Doch sie möchte alles auf sich zukommen lassen, beobachten und offen bleiben. Sie fühlt sich wohl in seiner Nähe und geborgen in seinen Armen. Es waren so angenehme Stunden mit ihm.

Erst als ihr Handy wieder Strom hat, bemerkt sie, dass Konstantin sie bereits gestern angerufen hat. Sie will ihn nun gleich zurückrufen. Da entdeckt sie an der Hausmauer auf ihrer Terrasse ganz viele Marienkäfer krabbeln. Sophia ist total entzückt über diesen Anblick und lächelt, so etwas hat sie noch nie gesehen. Was hat das zu bedeuten? Etwas aufgeregt wählt sie seine Nummer und strahlt über das ganze Gesicht, als sie seine Stimme hört. Konstantin hört ihr Strahlen und freut sich, denn es zeigt ihm, dass er ihre Gefühle gestern richtig gedeutet hat, obwohl er verunsichert war, da er sie so lange nicht erreichen konnte. Auch er empfindet große Zuneigung zu dieser besonderen, fröhlichen Frau und will sie unbedingt wiedersehen. Sie stimmt zu, als er sie besuchen kommen will. Ihr Appartement ist ein Traum und es hat eine atemberaubende Aussicht. Sie möchte es ihm unbedingt zeigen und vielleicht auch noch die unzähligen Glückskäfer an der Wand. So machen sie sich aus, dass er zu Mittag zu ihr kommt, um danach gemeinsam an den Strand und essen zu gehen. Die Nähe und das gute Gefühl, beieinander sein zu wollen, ist ihnen sehr angenehm. Es ist eine große Anziehung zu spüren zwischen ihnen, die sie nicht verleugnen können und die sie einander wie durch Magie näherbringt und anzieht. Sie wollen dieser Kraft nicht widerstehen, sondern sie zulassen und auskosten.

Beglückt und aufgeregt fährt Konstantin zu Mittag zu Sophia. Er weiß, dass er sich nicht mehr wie Ballast an eine Glücksperson anhängen will, sondern sich selbst in die Lüfte erheben möchte, um dort gemeinsam mit jemandem im Glück zu fliegen. Konstantin will nur noch ein glückliches, freudvolles Leben. Er zog sich zurück aus Kreisen, die nicht gut oder sogar negativ für ihn waren. Genau dieses Durchbrechen und Schließen von gewohnten Kreisen machte ihn stark und selbstsicher mit jeder neuen Erfahrung.

Wenn jemand gehen will, soll er gehen. Jeder darf sich frei fühlen zu wählen. Er lässt die Vergangenheit los und macht sich auf den Weg, um neue Erfahrungen zu machen und neue Richtungen einzuschlagen, wie jetzt. Er selbst ist nun frei und alle anderen auch. Er schließt die Kreise mit Menschen, die nicht mehr in sein Leben passen. Die Reaktionen der anderen dürfen sein, wie sie wollen Alles ist okay, denn das Leben ist Veränderung. Konstantin kommt immer mehr drauf, wie viel Zeit er viel zu lang einfach vergeudet hat. Er ist stolz darauf, jetzt für sich selbst einzustehen und neue Entscheidungen zu treffen. Kreise zu schließen gehört zum Leben und ist immer positiv, denn es ergeben sich dann die Möglichkeiten neue Türen für anderes im Leben zu öffnen.

Konstantin beobachtet genau in diesem Moment einen kleinen Glückskäfer, der ihn schon so oft begleitet hat. Er sitzt auf dem Armaturenbrett seines Motorrollers und fährt ein Stück mit, schneller als er fliegen könnte.

Er zeigt ihm, wie schön es ist seine Flügel auszubreiten, seien sie auch noch so klein, und einfach zu fliegen. „Spread your wings and fly!" Sei der Erfinder deines eigenen Glücks.

Wenn es sich gut anfühlt, in diesem Glückszustand einen anderen Menschen Einlass zu gewähren und ihn teilhaben zu lassen am eigenen Leben, dann ist das Heilung.

Den zauberhaften Ladybird anzunehmen, aufzunehmen in aller Behutsamkeit und Liebe. Ein kleiner Ladybird ist zu schwach, um die schweren Lasten von anderen tragen zu können. Außerdem verliert er sonst seine Leichtigkeit. Konstantin hat die Zauberkraft des Moments erkannt und weiß, was es bedeutet.

Zum ersten Mal fährt er in ihre Straße. Alles ist neu für ihn und knisternd. Wo und wie wohnt sie? Wie kann er sie finden? Als er in die Sackgasse einbiegt, findet er keinen Parkplatz, doch er fühlt sich schon jetzt stark von ihr angezogen. Er ist aufgeregt und hat Sehnsucht danach, sie erneut in seine Arme zu schließen und ihre pulsierende Wärme zu spüren. Es dauert bestimmt nicht mehr lange, bis es so weit ist. Schon bald findet er einen Parkplatz und macht sich auf den Weg an den Wohnhäusern vorbei. Neben ihm läuft und springt sein lieber und aufgeregter Freund Tychi. Manchmal verläuft er sich zwischen die Beine seines Herrchens. Konstantin versucht das Haus laut ihrer Beschreibung zu finden, doch er braucht sein Mobiltelefon. Er ist verwirrt durch die vielen Gebäude und Wege und bestimmt auch etwas durcheinander. Sie meldet sich am Telefon, er hört ihre sanfte, tiefe und aufregende Stimme und ein heißer Schauder durchläuft seinen Körper vor Freude und Erregung, sie gleich wiederzusehen.

Ein paar Minuten später erblickt er sie auf der Terrasse ihres Appartements. Er genießt ihren Anblick. Ihr blondes langes Haar fällt locker auf ihre Schultern und sie lächelt und winkt ihm zu, als sie ihn erblickt. Das leichte Zittern ihrer Hände versucht sie zu verbergen. Es ist bestimmt die Vorfreude auf Kommendes. Sie entdeckt auch den frechen Wuschel neben Konstantin. Wie durch einen Magneten angezogen, nähert er sich in großen Schritten ihrem Appartement und kann seinen Blick nicht mehr von ihr wenden. Sein Lächeln und seine Freude werden immer größer, breiter und mächtiger. Seine Knie zittern und werden weich, er tut sich schwer die wenigen Stufen zu ihr emporzusteigen.

Als sie ihm die Türe öffnet, springt der kleiner Streuner laut bellend herein und wedelt wie wild mit seinem Schwanz, denn die nette Lady wiederzusehen ist eine wahre Freude für ihn. Sophia und Konstantin strahlen einander lächelnd an, dann umarmen sie sich liebevoll, mit großer Anziehung und starkem Verlangen. Sie spüren die angenehme Berührung ihrer beider Körper und Seelen.

Ein Zuhause? In Stille halten sie einander lange umarmt, sprechen kein Wort und genießen das kostbare Gefühl beisammen zu sein. Sie haben sich gefunden und spüren Glück. Unendliches Glück! In stiller Verbindung miteinander zu sein ist Magie und Zauberei. Hier beginnen Dinge zu geschehen, wundervolle Dinge, Frieden kommt, Seelenfrieden, Glückseligkeit kommt, Freude kommt. In der Stille erkennen sie, dass sie eins sind und nicht mehr zwei alleinige Seelen auf ihrem Weg. Sie erkennen sich selbst im anderen. Sie sind in ihrer Kraft, in ihrer Präsenz, einfach herrlich. Sie verstehen, was Liebe, Gefühl und Demut wirklich sind, denn sie werden zur lebendigen Verkörperung der Wahrheit. Sie hören auf zu denken, sie sind im Glück, in der Liebe, im Mitgefühl. Sophia und Konstantin sind sehr dankbar und fröhlich, endlich wieder die Schönheit der Zweisamkeit erkennen zu dürfen.

Übung 17 – Energie aufladen

Wie das geht mit dem Energieaufladen? Eigentlich ganz einfach, nur am Anfang braucht es Übung. Also los geht's!

Du setzt oder legst dich hin und atmest tief ein und aus. Das allein ist schon ein Geschenk, wenn es mühelos fließt! Dann lenke deine ganze Aufmerksamkeit auf die Atmung. Ab diesem Moment existiert nur noch die Atmung in unserem Bewusstsein. Störende Gedanken einfach ziehen lassen. Gleichzeitig mit der Atmung beruhigen sich der Geist und der ganze Körper. Wenn du spürst, dass der Herzschlag und die Atmung ganz langsam und ruhig fließen, bringst du deine Aufmerksamkeit auf die Glücksmomente der letzten Tage oder Wochen. Es geht um die kleinen Glitzersterne des Alltages, die unser Herz erfreut haben. Die lässt du nochmals vor deinem inneren Auge abspielen. Bitte lächeln! Ein Lächeln aufsetzen, das aus der inneren Freude über das Leben selbst kommt und dich strahlen lässt!

Zum Beispiel, weil du ohne Schmerzen erwacht und aufgestanden bist, weil du dir ein gutes Frühstück gönnen konntest, weil du dich selbst pflegen konntest ohne Schmerzen, tief frische Luft atmen konntest und genug sauberes Wasser hattest. Das sind Dinge, die in unserem Leben so selbstverständlich geworden sind, dass wir gar nicht mehr darüber nachdenken, uns nicht mehr bedanken und sie auch nicht mehr extra wertschätzen. Dass das alles da ist, merken wir erst, wenn einmal zum Beispiel das Wasser abgesperrt wird wegen Reparaturarbeiten oder wenn wir im Krankenhaus liegen. Da merken wir, wie wichtig das alles ist.

Eine Möglichkeit Ärger loszuwerden ist, mit einem Schluck Wasser den Mund zu spülen und den Ärger einfach auszuspucken. Das tut gut. Ärger kann auch mit jedem Atemzug ausgeatmet werden. Ärger gedanklich auszuscheiden und mit viel Wasser im Klo hinunterzuspülen hilft ebenso. Alles ist erlaubt, um die Seele von schlechten Emotionen zu befreien.

Es stärkt dein körperliches Wohlbefinden, wenn du nicht unentwegt an Ärger denkst, sondern an die Liebe, die du erhalten hast von so vielen besonderen Menschen. Sie verstärkt das Strahlen in uns. Nicht zu vergessen die göttliche oder universelle Liebe, in deren Vertrauen wir uns niemals alleingelassen fühlen und die niemanden verzweifeln lässt. Es gibt stets Hoffnung, weil wir getragen sind von göttlicher Hand.

Lachen hilft und ist gesund. Dadurch kommen wir in eine andere Stimmung. Es hat einfach keinen Wert, eine Minute länger in einer negativen Stimmung zu bleiben und so viele positive Sekunden dadurch zu versäumen. Höre, wenn möglich, eine beruhigende Lieblingsmusik und denke an all das Glück im Leben, das dir schon widerfahren ist. An die vielen Erfolge, die lustigen Momente, die glücklichen Tage, die du erleben durftest, an all die Freude und deine Glücksmomente. Konzentriere dich darauf, sodass du einfach lächeln musst. Die Freude schwingt übervoll und hinterlässt ein Strahlen in deinem Herzen und Gesicht. Mache ein paar Tanzschritte und denke an das Wunder Leben und daran, dass es immer einen

Weg gibt weiterzugehen. Ob du glücklich bist oder nicht, ist vor allem eine Frage der Lebensweise und der Einstellung. Es kommt immer darauf an, ob und wie du reagierst. Wer bereit ist das Glück zu umarmen, lockt es an. Positives Denken verlängert erwiesenermaßen das Leben.

Übung 18 – Glücksmomente

Es gibt so viele Glücksmomente an jedem Tag, und sie sind so vielfältig! Wir müssen nur beginnen genau hinzusehen. Es sind die kleinen Dinge im Leben, die zählen.

Nun kannst du beginnen, die kleinen Dinge des Lebens, die dir ein Lächeln auf die Lippen gezaubert haben, mit einem Wort auf ganz kleine Zettel zu schreiben. Dann werden diese Zettel zusammengefaltet und in ein besonderes Säckchen oder Gefäß geworfen. Nun dürfen diese Momente mit der Zeit auch „vergessen" werden. Denn das Stichwort ohne Datum wird uns immer an diesen Moment erinnern können. Immer wenn etwas Glückliches passiert oder wenn wir einfach glücklich sind, wird ein kleiner Zettel geschrieben und „eingeworfen". Im Laufe der Zeit sammeln sich viele Zettelchen an und oft wissen wir gar nicht mehr, was wir da alles schon eingeworfen haben.

Und nun kommt das Beste: An einem besonderen Tag im Jahr, der Silvester am Jahresende bietet sich dazu besonders an, aber auch der Geburtstag wäre möglich. Da werden alle Zettel auf den Tisch gestreut und dann einzeln geöffnet. Unglaublich, wie viele es dann immer sind! Bei jedem Hinweis startet ein kleiner Film im Kopf und der Moment von damals ist wieder voll präsent. Ein Lächeln zaubert sich auf das Gesicht. So setzt sich das dann eine Stunde oder länger fort, und das Gefühl im Herzen ist sensationell, da bei jedem Zettel neue Freude erblüht. Einfach großartig! Einfach ausprobieren!

Wer dann noch nicht genug hat, kann alle Glücksmomente auf dem Computer in eine Liste schreiben oder einfach in ein Glücksbuch. Und wieder lächelst du eine Stunde lang bei der Wiederholung der Minifilme im Kopf. Wenn du das über mehrere Jahre machst, kannst du zurückblättern ins letzte Jahr und die Zeit davor. Du erkennst, wie glücklich und voller Fülle dein Leben verlaufen ist und wie unwichtig die vielen kleinen Ärgerlichkeiten sind. Das verändert etwas in uns, unserer Haltung und der Einstellung zum Leben im Allgemeinen. Wir erkennen, wie schön und lebenswert das Leben ist.

Ich wünsche euch von ganzem Herzen gutes Gelingen

und viel Spaß beim Glücklichsein!

Nicht den Weg zum Glück suchen,

sondern sich für das Glücklichsein entscheiden,

das ist der Weg. (Dalai Lama)